BIBLIOGRAPHISCHER DIENST STAAT UND RECHT

Herausgeber:
DEUTSCHES INSTITUT FÜR RECHTSWISSENSCHAFT
Potsdam-Babelsberg

Jahrgang 4/1958 — Heft 6
November/Dezember

AKADEMIE-VERLAG · BERLIN

Inhaltsverzeichnis:

Auslieferungen:

Für das Gebiet der Deutschen Demokratischen Republik: LKG-Leipziger Kommissions- und Großbuchhandel, Leipzig C 1, Leninstraße 16

Für das Gebiet der Deutschen Bundesrepublik: KUNST UND WISSEN, Inh. Erich Bieber, Stuttgart N, Hospitalstraße 33a

Für das gesamte Ausland: Deutsche Buch-Export und -Import GmbH., Leipzig C 1, Postschließfach 276, oder Akademie-Verlag GmbH., Berlin W 8, Mohrenstraße 39

Bestellungen sind zu richten an eine Buchhandlung oder an die Post

---

Herausgeber und verantwortlich für den Inhalt: Der Direktor des Deutschen Instituts für Rechtswissenschaft. Redaktion: Helmut Luft und Klaus Jäger, Potsdam-Babelsberg, Karl-Marx-Straße 2. Verlag: Akademie-Verlag GmbH., Berlin W 8, Mohrenstraße 39, Fernruf: 200386, Postscheckkonto: 35021. Bestell- und Verlags-Nr. dieses Heftes: 1049/4/6. Die Zeitschrift erscheint zweimonatlich. Bezugspreis für den Jahrgang einschließlich Register: DM 22,20; Einzelheft: DM 3,70. Veröffentlicht unter der generellen Druckgenehmigungs-Nr.: Ag 715/58 DDR. Gesamtherstellung VEB Druckerei „Thomas Müntzer" Bad Langensalza.

A. BIBLIOGRAPHIE AUS ZEITSCHRIFTEN DER DEUTSCHEN DEMOKRATISCHEN REPUBLIK, DER SOWJETUNION UND DEN LÄNDERN DER VOLKSDEMOKRATIE

Diese Bibliographie enthält eine Auswahl einschlägiger Artikel aus folgenden Zeitschriften: 1)

a) Deutschsprachige Zeitschriften

Ahdl.	= Der Außenhandel, Berlin	1958,H.15-17
Altertum	= Das Altertum, Berlin	1958,Bd 4,H.3
Arb.	= Die Arbeit, Berlin	1958,H.8-10
ArbR	= Arbeitsrecht, Zeitschrift für Theorie und Praxis, Berlin	1958,H.8-9
A.u.S.	= Arbeit und Sozialfürsorge, Berlin ..	1958,H.16-18
Ber.Dt.Wirtsch.Inst.	= Berichte des Deutschen Wirtschaftsinstituts, Berlin	1958,H.13-14
ddz	= Dokumentation der Zeit, Berlin	1958,H.171-173
Dem.Aufb.	= Demokratischer Aufbau, Berlin	1958,H.15-18
Dem.u.R.	= Demokratie und Recht, Berlin	1958,H.4
DFW	= Deutsche Finanzwirtschaft, Berlin ..	1958,H.16-18
Dt.Auss.pol.	= Deutsche Außenpolitik, Berlin	1958,H.8-9
Einh.	= Einheit, Berlin	1958,H.8-9
EuV	= Erfindungs- und Vorschlagswesen, Berlin	1958,H.9
Forum,Wiss.Beil.	= Wissenschaftliche Beilage des Forum, Berlin	1958,H.33-39
Hdl.	= Der Handel, Berlin	1958,H.8-9
Hswesen	= Das Hochschulwesen, Berlin	1958,H.7-8
Jug.Heimerz.	= Zeitschrift für Jugendhilfe und Heimerziehung, Berlin	1958,H.7-9
Militärwesen	= Militärwesen, Zeitschrift für Militärpolitik und Militärtheorie, Berlin .	1958,H.4
Nat.	= Die Nation, Zeitschrift für Theorie u. Praxis Nationaler Politik, Berlin ..	1958,H.8,
NJ	= Neue Justiz, Berlin	1958,H.16-18
N.Weg	= Neuer Weg, Berlin	1958,H.15-18
N.Zeit	= Neue Zeit, Moskau	1958,H.32-35, 37-40
RID	= Rechtswissenschaftlicher Informationsdienst, Berlin	1958,H.16-18
Schöffe	= Der Schöffe, Berlin	1958,H.8-9
Schr.Dt.Vpol.	= Schriftenreihe der Deutschen Volkspolizei, Berlin	1958,H.25

Sov.Wiss.(GB)	= Sowjetwissenschaft,Gesellschaftswiss. Beiträge, Berlin	1958,H.8-9
Soz.Vers.	= Die Sozialversicherung, Berlin	1958,H.8-9
Stadt u.Gem.	= Stadt und Gemeinde, Berlin	1958,H.8
Stat.Prax.	= Statistische Praxis, Berlin	1958,H.8-9
St R	= Staat und Recht, Berlin	1958,H.7-8
Vertr.Syst.	= Vertragssystem, Berlin	1958,H.7-8
Vpol.	= Die Volkspolizei, Berlin	1958,H.15-18
Weltb.	= Die Weltbühne, Berlin	1958,H.32-39
WGBew.	= Die Weltgewerkschaftsbewegung, Berlin	1958,H.8-9
Wirtsch.Wiss.	= Wirtschaftswissenschaft, Berlin	1958,H.4-5
WZ Berlin(GR)	= Wissenschaftliche Zeitschrift der Humboldt-Universität,Berlin (Ges.u.Sprachwiss.R.), ...	1956/57,H.4 1957/58,H.1
WZ Jena(GR)	= Wissenschaftliche Zeitschrift der Friedrich-Schiller-Universität Jena (Ges.u.Sprachwiss.R.)	1957/58,H.2-3
WZ Rostock	= Wissenschaftliche Zeitschrift der Universität Rostock	1957/58,H.1
WZTH Dresden	= Wissenschaftliche Zeitschrift der Technischen Hochschule Dresden	1957/58,H.3
ZRGGerm.Abt.	= Zeitschrift der Savigny-Stiftung für Rechtsgeschichte, Germanistische Abteilung Weimar	1958,Bd 75
ZRG,Kan.Abt.	= Zeitschrift der Savigny-Stiftung für Rechtsgeschichte, Kanonistische Abteilung Weimar	1958,Bd 75
ZRG,Rom.Abt.	= Zeitschrift der Savigny-Stiftung für Rechtsgeschichte, Romanistische Abteilung Weimar	1958,Bd 75
Zs.Gesch.Wiss.	= Zeitschrift für Geschichtswissenschaft, Berlin	1958,H.4

<u>b) Fremdsprachige Zeitschriften</u>

Čas.pro mez.pr.	= Časopis pro mezinárodni právo, Prag .	1958,H.3
J.K.	= Jogtudományi közlöny (Rechtswissenschaftliche Mitteilungen), Budapest .	1958,H.6
	Kommunist, Moskau	1958,H.11-12
	Nová mysl (Neuer Geist), Prag	1958,H.8-9
	Nowe Drogi (Neue Wege), Warschau	1958,H.8-9
	Palestra, (Organ des Obersten Anwaltschaftsrates), Warschau	1958,H.7-8
P.i P.	= Państwo i Prawo (Staat und Recht), Warschau	1958,H.7
Pr.	= Právnik (Der Jurist), Prag	1958,H.7
Przegl.zach.	= Przeglad Zachodni (Westliche Rundschau), Poznan	1958,H.3

Soc.pravo	= Socialisticesko pravo (Sozialistisches Recht), Sofia 1958,H.6
Soc.zak.(SSSR)	= Socialističeskaja zakonnost (Sozialistische Gesetzlichkeit), Moskau 1958,H.7-9
Sov.gos.pravo	= Sovetskoe gosudarstvo i pravo (Sowjetstaat und Sowjetrecht), Moskau 1958,H.8-9
Sov.jus.	= Sovetskaja justicija, Moskau 1958,H.4-7
Vopr.ekon.	= Voprosy ekonomiki (Fragen der Ökonomie), Moskau 1958,H.7-8
Vopr.fil.	= Voprosy filosofii (Fragen der Philosophie), Moskau 1958,H.7-8
Vopr.ist.	= Voprosy istorii (Fragen der Geschichte), Moskau 1958,H.7-9

1) Die hier aufgeführten Hefte sind gemäß der Benutzungsordnung der Bibliothek des Deutschen Instituts für Rechtswissenschaft bedingt ausleihfähig.

1.Marxismus-Leninismus [1]

Die Arbeiterklasse führt die Volksmassen zum Sieg des Sozialismus. (Betr. V.Parteitag).(Einh.,1958, H.8,S.1089-1107)

Bazarjan,Ž.(Basarjan,Sh.): Die bürgerliche Soziologie in der Sackgasse.(Vopr.fil.,1958, H.8, S.170-173)

Bergner,D.: Über das Allgemeine und Besondere in der Politik der Partei.(Betr.Gesetzmäßigkeit).(Einh.,1958, H.9, S.1239-1250)

Čertkov, V.P.(Tschertkow,W.P.): Kampf der Gegensätze im Sozialismus. (Sov.Wiss.(GB), 1958, H.8, S.956-979)

Dvorkin,I.: Die Klassenstruktur des modernen Kapitalismus im Vexierspiegel des Reformismus. (Vopr.ekon.,1958, H.7, S.94-105)

Fischer,A,: Die sozialökonomische Struktur des Zeißwerkes und die Stellung Ernst Abbes im Klassenkampf. (WZ Jena (GR),1957/58,H.2/3, S.293-306)

Fricke,D.: Friedrich Stampfer und der "demokratische Sozialismus". (Zs.Gesch.Wiss.,1958, H.4, S.749-774)

Gallacher,W.: Einige Probleme der englischen Arbeiterbewegung. (N.Zeit, 1958, H.37, S.4-7)

Gopalan,A.K.: Der letzte Kongreß der Kommunistischen Partei Indiens. (Nowe Drogi, 1958, H.8, S.104-111)

Grekov,L.I.: Gegen die jesuitische Fälschung des dialektischen Materialismus. Rez.über: G.Klaus, Jesuiten,Gott,Materie.Berlin 1957, 351 S. (Vopr.fil.,1958, H.8, S.163-166)

1) Die nach der Fundstelle eines Artikels angegebenen Zahlen verweisen auf die Bedeutung dieses Artikels auch für andere Fachgebiete entsprechend der hier zugrundegelegten Systematik.

Griguljevič,I.(Griguljewitsch,I.): Šeinman, Die Wahrheit über den Vatikan.Moskau 1958, 468 S.(Rez.)(Kommunist, 1958, H.11,S.116-121)

Gropp,R.O.: Der dialektische Materialismus.(T.5)(Hswesen,1958,H.7/8, S.371-378)

Gulyga,A.: Eine gründliche Abfuhr für die neotomistische Fälschung des dialektischen Materialismus.(Kommunist,1958, H.12, S.113-117)

Die ökonomische Hauptaufgabe der DDR und ihre Realisierung. (Wirtsch.Wiss.,1958, H.5, S.641-658)

Hollitscher,W.: Der Antirevolutionismus in der modernen bürgerlichen Naturphilosophie. (Vopr.fil.,1958, H.8, S.25-36)

Jantzen,N.: Der Klassenkampf in der Übergangsperiode vom Kapitalismus zum Sozialismus. (Vpol.,1958, H.16, S.7-9)

Jaroslavski,J.: Karl Marx über Religion.(Sammlung von Reden u.Artikeln. Moskau 1957, 228 S.[Rez.]).(Sov.Wiss.(GB) 1958, H.9,S.1035-1050)

Jesper,K.H.: Einige Bemerkungen zum Wesen der Religion.(WZ Rostock, 1957/58, H.1, S.15-21)

Kammari,M.D.: Der revisionistische Mythos der "Befreiung" der Wissenschaft von der Ideologie. (Vopr.fil.,1958, H.7, S.3-20)

Kirchhoff,R.: Der wissenschaftlich-atheistische Charakter unserer Weltanschauung. (Arb.,1958,H.9, S.40-43)

Kolbanovskij,V.V.(Kolbanowsskij,W.W.): Über den Gegenstand der marxistischen Soziologie. (Vopr.fil.,1958, H.8, S.126-130)

Laštovička,B.: Der XI.Parteitag der Kommunistischen Partei der Tschechoslowakei. (Einh.,1958, H.8, S.1201-1216)

Lebedev, S.P.(Ljebjedjew,S.P.): Zur Frage des Inhalts des Gesetzes von der Negation der Negation. (Vopr.fil.,1958, H.7, S.96-99)

Mende,G.: Eine Einführung in die Philosophie.(WZ Jena(GR),1957/58, H.2/3, S.183-211)

Naumann,R.: Über die Ausarbeitung der Lehre vom Imperialismus durch Lenin. (WZ Berlin (GR), 1957/58, H.1,S.9-19)

Okulov, A.F.: Der Kampf W.I.Lenins gegen den Revisionismus und für die Reinheit der marxistischen Lehre. (Vopr.fil.,1958, H.7,S.20-29)

Ostrowitjanow,K.: Theoretische Probleme beim Aufbau des Kommunismus in der UdSSR und die Aufgaben der Gesellschaftswissenschaften. (Forum,Wiss.Beil.,1958, H.34, S.1-4)

VIII.Parteitag der SPD in Stuttgart (17.bis 23.Mai 1958).(ddz,1958, H.171, S.19-28)

Puljach,A.I.: Unentwegt die Umtriebe des modernen Revisionismus entlarven. (Vopr.ist.,1958, H.9, S.195-208)

Rau,H.: Die internationale Bedeutung unseres V.Parteitages.(Einh., 1958,H.9, S.1229-1238)

Reiman,P.: Die Thesen zum Leitfaden der Geschichte der Kommunistischen Partei der Tschechoslowakei. (Zs.Gesch.Wiss.,1958, H.4, S.850-857)

Reinecke,H.: Die wirtschaftliche Entwicklung in der UdSSR - Beweis für die Überlegenheit des Sozialismus über den Kapitalismus. (WZ Berlin (GR), 1957/58, H.1, S.131-141)

Šifrin,F.S.(Schifrin,F.S.): Die Bedeutung der Eroberung des Kosmos für den wissenschaftlichen Atheismus. (Vopr.fil.,1958,H.7,S.176-179)

Siskind,G.: Der „Volkskapitalismus" in dem USA. (Wirtsch.Wiss.,1958, H.5, S.712-727)

Thal,P.: USA-Monopole suchen im Krieg Ausweg aus der Krise.(DFW,1958, H.17, S.273-275)

Volobuev,P.V.(Wolobujew,P.W.): Fragen der Dialektik in den Arbeiten Lenins über die Große Sozialistische Oktoberrevolution. (Sov.Wiss.(GB), 1958,H.8, S.940-955)

Wostrikow,A.W.: Die Parteilichkeit des dialektischen Materialismus. (Arb.,1958, H.8, S.28-34)

2.Rechtswissenschaft (Aufgaben und Methoden)

Merzbacher,F.: Johann Apels dialektische Methode der Rechtswissenschaft. (ZRG,Rom.Abt.,1958,Bd 75, S.364-374)

Perlov,I.: Einige Fragen der Organisation und Entwicklung der Rechtswissenschaft und der juristischen Ausbildung.(Sov.jus.,1958,H.4, S. 12-16)

Polak,K.: Zu einigen Grundproblemen der Einheit von Theorie und Praxis in der Staats- und Rechtswissenschaft. (St R, 1958, H.8, S.777-794) 3

3.Staats-und Rechtstheorie

Büttner,H.: Worauf kommt es in der weiteren Auswertung der Babelsberger Konferenz an? (St R, 1958,H.7, S.706-719)

Butenko,A.: Die historische Notwendigkeit der Diktatur des Proletariats und der moderne Revisionismus. (Kommunist,1958,H.11,S.38-51)

Butenko,A.P.: Die Diktatur des Proletariats und die „Integral-Demokratie". (Sov.gos.pravo, 1958, H.8, S.14-25)

Česnokov,D.I.(Tschjessnokow,D.I.): Über die Funktionen des sozialistischen Sowjetstaates. (Vopr.fil.,1958, H.7, S.30-47)

Einige Fragen des dialektischen Materialismus. (Betr.Justiz - Straf-Politik). (NJ,1958, H.17, S.584-588) 11

Das ideologische Profil des Gaullismus. (Nová mysl,1958,H.9,S.863-866)

Jakubowski,J.: Bemerkungen zur existenzialistischen Rechtsphilosophie. (P.i P.,1958, H.7,S.26-44)

Kazimirčuk,V.(Kasimirtschuk,W.): Die innere richterliche Überzeugung und die Intuition. (Sov.jus.,1958, H.5, S.18-22)

Köppen, G.: Die Staatsmacht der Monopole und die rechten SPD-Politiker. (Einh.,1958, H.8, S.1160-1172)

Krassin,J.A.: Lenin über die revolutionäre Situation.(Sov.Wiss.(GB), 1958,H.9, S.1051-1065)

Kröger,H.: Der Sozialismus siegt! (St R, 1958, H.8, S.757-776)

Krüger,M.;R.Kschiechow: Fragen des Staates im Entwurf eines Grundsatzprogramms der SPD. (St R, 1958, H.7, S.629-653)

Langr,J.: Die Rolle des Staates im modernen Kapitalismus.(Nová mysl, 1958, H.8,S.708-724)

Lepeškin,A.I.(Lepjeschkin,A.I.): Kritik an den reformistischen und revisionistischen „Theorien" auf dem Gebiet des Staates und des Rechts. (Sov.gos.pravo, 1958, H.9,S.10-21)

Manfred,A.Z.: Meinungsstreit über Robespierre.(Vopr.ist.,1958, H.7, S.62-85)

Mohrmann,H.: Katholische Soziallehre - Ideologie der Todfeinde der deutschen Arbeiterklasse.(Wirtsch.Wiss.,1958, H.4, S.523-536) 19

Nečkina,M.V.(Netschkina,M.W.): Über das „aufsteigende" und „absteigende" Stadium der feudalen Formation. (Vopr.ist.,1958,H.7,S.86-108)

Pašuto,V.T.(Paschuto,W.T.): Gegen einige bürgerliche Konzeptionen der Bildung des Litauischen Staates. (Vopr.ist.,1958, H.8, S.40-62) 5

Polak,K.: Die Entwicklung des deutschen volksdemokratischen Staates von 1945 bis 1958.(Zum Erscheinen des gleichnamigen Werkes von Walter Ulbricht). Bln.1958.(Rez.).(NJ,1958,H.17, S.581-584)

Für die weitere Hebung des sozialistischen Rechtsbewußtseins der Sowjetbürger. (Sov.jus.,1958, H.6, S.1-5)

Tumanov,W.A.: Rechtssozialistische Ideologie auf dem Gebiet von Staat und Recht. (Sov.Wiss(GB), H.9, S.1066-1079)

Ulbricht,W.: Über den Charakter der Novemberrevolution.(Vopr.ist., 1958,H.8, S.63-71; deutsch: Einh.,1958,H.8,S.1173-1183;ZS.Gesch. Wiss.,1958, H.4, S.717-729)

Für eine genaue Wahrung des verfassungsmäßigen Prinzips der Unabhängigkeit der Richter und ihrer alleinigen Unterordnung unter das Gesetz. (Sov.jus.,1958,H.5, S.1-5) 8

Weichelt,W.: Wissenschaftliche Konferenz zu Fragen des sozialistischen Rechtssystems und der sozialistischen Gesetzlichkeit in der Sowjetunion. (St R, 1958,H.8, S.849-852)

Wróblewski,J.: Die beschreibende und die normative Theorie der Rechtsinterpretation. (P.i P.,1958, H.7, S.45-60)

4.Geschichte der Staats-und Rechtstheorie

Heckel,J.: Marsilius von Padua und Martin Luther.(Betr.ihre Rechts- und Soziallehre).(ZRG,Kan.Abt.,1958, Bd 75,S.268-336)

Keček'jan,S.F.(Ketschekjan,S.F.): Einige Fragen der Methodologie der Geschichte der politischen Lehren.(Vopr.ist.,1958,H.7, S.109-119)

Merzbacher,F.: Recht und Gewaltenlehre bei Hugo von St.Victor. (ZRG,Kan.Abt.,1958, Bd 75, S.181-208)

5.Staats-und Rechtsgeschichte

Arutjanjan,J.V.: Aus der Geschichte der MTS während der Zeit des Großen Vaterländischen Krieges von 1941-1945. (Vopr.ist.,1958,H.8, S.84-96) 16

Bader, K.S.: Gartenrecht. (ZRG,Germ.Abt.,1958, Bd 75,S.252-273)

Bärmann,J.: Zur Entstehung des Mainzer Erzkanzleramtes.(ZRG,Germ.Abt., 1958, Bd 75, S.1-92)

Baglamaja,D.: Zur Geschichte der nationalen Befreiungsfront in Albanien. (Vopr.ist.,1958,H.8, S.139-153)

Bánk,J.: Kardinal Serédi, der Kanonist. (ZRG,Kan.Abt.,1958,Bd 75, S.209-236)

Basler,W.: Verrat am Weltfrieden.(Betr.Münchner Abkommen). (Dt.Auss.pol.,1958,H.9, S.877-886)

Behrens,D.: D 50,17,1. (Betr.Rechtsnorm).(ZRG,Rom.Abt.,1958,Bd 75, S.353-361) 3

Buchda,G.: Die Rechtsmittel im sächsischen Prozeß.(ZRG,Germ.Abt., 1958, Bd 75, S.274-348)

Bünger,S.: Die Bewegung Hände-weg-von-Sowjetrußland in England. (WZ Berlin (GR),1957/58, H.1, S.87-94)

Čebaevskij,F.V.(Tschjebajewskij,F.W.): Zur Frage der Festigung der örtlichen Sowjets im Sommer und Herbst des Jahres 1918.(Vopr.ist., 1958, H.8, S.22-39)

Eberhardt,H.: Die Gerichtsorganisation der Landgrafschaft Thüringen im Mittelalter. (ZRG,Germ.Abt.,1958, Bd 75,S.108-180)

Elm,L.: Die Sozialdemokratische Partei Deutschlands und der antiimperialistische Volksaufstand (Boxeraufstand) in China im Jahre 1900. (Ein Beitrag zur Geschichte des Kampfes der deutschen Arbeiterklasse gegen die imperialistische Kolonialpolitik.)(WZ Jena (GR),1957/58, H.2/3, S.307-316) 3

Elsener,F.: Der eidgenössische Pfaffenbrief von 1370.(Betr.geistl. Gerichtsbarkeit).(ZRG,Kan.Abt.,1958, Bd 75, S.104-180)

Erhardt, A.: Parakatheke. (ZRG,Rom.Abt.,1958, Bd 75, S.32-90)

Geršberg,S.R.(Gerschberg,S.R.): W.I.Lenin und die Bildung des Oberster Volkswirtschaftsrates. (Vopr.ist.,1958,H.7, S.3-24)

Hájek,J.S.: Die Geschichte des Münchener Diktats.(Nová mysl,1958,H.9, S.790-803)

Kaser,M.: Partus ancillae. (ZRG,Rom.Abt.,1958, Bd 75, S.156-200) 13

Königer,H.: Die Münchner "Befriedung"politik und ihre Lehren.(Einh., 1958, H.9, S.1314-1326)

Kolbe,H.;E.Laboor: Lokalgeschichtliche Forschungsarbeiten zur Geschichte der deutsch-sowjetischen Beziehungen. (Zs.Gesch.Wiss.,1958, H.4, S.858-870)

Konidaris, G.: Zur Lösung der Quellenprobleme der Kirchenverfassung des Urchristentums. (ZRG,Kan.Abt.,1958, Bd 75, S.337-342)

Konstantinov,F.T.;L.N.Velikovič,(Konstantinow,F.T.;Welikovitsch,L.N.): Der Aufschwung der revoltionären Bewegung in den slawischen Ländern in den ersten Jahren nach dem Sieg der Oktoberrevolution.(Vopr.ist., 1958, H.7, S.45-61) 3

Krause,H.: Dauer und Vergänglichkeit im mittelalterlichen Recht. (ZRG,Germ.Abt.,1958, Bd 75, S.206-251)

Krogmann,W.: Eine lateinische Vorstufe ostfriesischer Bußregister. (ZRG,Germ.Abt.,1958, Bd 75, S.352-363)

Lehár, L.: Die Münchener Krise und der Kampf um die Verteidigung der Republik. (Nová mysl, 1958, H.9, S.844-858)

Lentze, H.: Das Seelgerät im mittelalterlichen Wien.(ZRG,Kan.Abt., 1958, Bd 75, S.35-103)

Mayer-Maly,T.: Das Notverkaufsrecht des Hausvaters.(ZRG,Rom.Abt., 1958, Bd 75, S.116-155)

Niederländer,H.: Zur Herkunft der römischen Impensen-Dreiteilung. (ZRG,Rom.Abt.,1958, Bd 75, S.201-219)

Nörr,D.: Zum Schuldgedanken im altbabylonischen Strafrecht. (ZRG,Rom.Abt.,1958, Bd 75, S.1-31)

Nurbekov,K.N.: Die Gründung der Kirgisischen souveränen Sozialistischen Sowjetrepublik. (Sov.gos.pravo, 1958, H.9, S.43-50) 7

Ottersberg, K.: Über den Kampf des lettischen Volkes für den Sieg der Großen Sozialistischen Oktoberrevolution. (WZ Berlin (GR), 1957/58, H.1, S.95-98)

Partsch, G.: Ein unbekannter Walliser Landfrieden aus dem 12.Jahrhundert. (ZRG,Germ.Abt.,1958, Bd 75, S.93-107)

Rosenfeld,G.: Das erste Jahr der sowjetischen Außenpolitik und Deutschland. (WZ Berlin (GR), 1957/58, H.1, S.31-36)

Santa Cruz, J.: Der Einfluß der rhetorischen Theorie der Status auf die römische Jurisprudenz, insbesondere auf die Auslegung der Gesetze und Rechtsgeschäfte.(ZRG,Rom.Abt.,1958, Bd 75, S,91-115) 3

Schmidt,R.: Die Torgauer Hochzeit als Beispiel für Rechtsform und Rechtsanschauung im 16.Jahrhundert. (ZRG,Germ.Abt.,1958, Bd 75, S.372-381)

Steinwenter,A.: Aus dem kirchlichen Vermögensrecht der Papyri. (ZRG,Kan.Abt.,1958, Bd 75, S.1-34)

Sternik,I.: Ein Bericht aus der Vorgeschichte der sowjetischen Staatsanwaltschaft. (Soc.zak.,(SSSR) 1958, H.7, S.51-54)

Velidedeoglu,H.V.: Das Problem der Rezeption in der Türkei im Vergleich mit Rezeptionen in Europa.(ZRG,Germ.Abt.,Bd 75, S.382-388)

Vor 40 Jahren wurde die erste sowjetische Verfassung herausgegeben. (Sov.jus.,1958, H.7, S.1-4)

Wesener,G.: Actiones ad exemplum. (ZRG,Rom.Abt.,1958, Bd 75,S.220-250) 3

Willetts, R.: Die Grundmerkmale der griechischen Polis.(Altertum, 1958, Bd 4, H.3, S.149-165)

Zöller,M.: Die Auswirkungen der Großen Sozialistischen Oktoberrevolution auf die südslawischen Völker im Jahre 1918 und die bürgerliche Staatsgründung. (WZ Berlin (GR), 1957/58,H.1, S.69-77) 3

6.Völkerrecht und Außenpolitik

Dokumente des Kampfes gegen die amerikanisch-englische Aggression in Libanon und Jordanien. (Nat.,1958, H.8, S.501-517)

Alavi,B.: Hintergründe der Krise im Libanon. (Dt.Auss.pol.,1958,H.8, S.779-789) 7

Arzinger,R.: Gegen die ideologische Koexistenz in der Völkerrechtswissenschaft. (St R, 1958,H.8, S.818-835)

Aust,H.W.: Stockholm 1958. (Betr.Kongreß für Abrüstung).(Dt.Auss.pol., 1958, H.9, S.853-859)

Bagdad-Pakt ohne Bagdad. (Ber.Dt.Wirtsch.Inst.,1958, H.14,S.3-4)

Barth,H.: Die aggressiven außenpolitischen Ziele des deutschen Imperialismus. (Dt.Auss.pol.,1958,H.9, S.824-835)

Baryschnikow, V.: Zur Lage im Raum von Taiwan. (N.Zeit,1958,H.38, S.26-29)

Der antiimperialistische Befreiungskrieg Indonesiens.(Militärwesen, 1958, H.4, S.598-610)

Bogdanov,O.V.: Die Erfüllung der internationalen Verpflichtungen - eine wichtige Voraussetzung für die friedliche Koexistenz. (Sov.gos.pravo, 1958, H.8, S.36-46)

Brill,E.: Dulles und die Folgen (Betr.Außenpolitik Großbritanniens). (Weltb.,1958, H.39, S.1222-1226)

Die Entwicklung der Beziehungen zwischen der DDR und der VR Bulgarien. (ddz, 1958, H.172, S.22-28)

Gawrilow, N.: Schwarzafrika und Frankreich. (N.Zeit,1958,H.37, S.15-17)

Gdański,M.: Der Hintergrund der Zwischenfälle im Nahen Osten. (Nowe Drogi, 1958, H.8, S.87-103)

Genkin, D.M.: Das Prinzip der Meistbegünstigung in den Handelsverträgen der Staaten. (Sov.gos.pravo, 1958, H.9, S.22-32)

Hartes Ringen um die Gipfelkonferenz. (Dt.Auss.pol.,1958,H.8,S.719-723)

Hofmann,W.;L.Rüster: Erläuterungen zu den „Allgemeinen Bedingungen des RGW 1958".(T.6).(Ahdl.,1958, H.16-17, S.571-572)

Jermaschow,I.: Der Schmach der Mittäterschaft.(Betr.Nahen u.Mittleren Osten).(N.Zeit, 1958, H.33, S.3-5)

Kern,E.: Neue Etappe internationaler Zusammenarbeit.(Betr.Arbeit des Rates für gegenseitige Wirtschaftshilfe).(Ahdl.,1958, H.16-17, S.564-566)

Zur gegenwärtigen Lage des kapitalistischen Außenhandels. (Ahdl., 1958, H.15, S.541-545)

Masič,V.(Massitsch,W.): Das Eindringen Westdeutschlands in den Nahen und Mittleren Osten.(Sov.Wiss.(GB), 1958,H.9, S.1097-1107)

Modžorjan,L.A.(Modshorjan,L.A.): Die Identität, Kontinuität und Rechtsnachfolge der Subjekte des Völkerrechts.(Sov.gos.pravo,1958, H.9, S.61-70)

Morsey,R.: Zur Vorgeschichte des Reichskonkordats aus den Jahren 1920 und 1921.(ZRG,Kan.Abt.,1958, Bd 75, S.237-267) 7

Mrázek: Die Kaschmirfrage. (Čas.pro mez.pr.,1958,H.3,S.201-207)

Nikolaev,A.N.(Nikolajew,A.N.): Die Genfer Konvemtion des Seerechts. (Sov.gos.pravo, 1958,H.9, S.51-60)

Der Westen und die Oder-Neiße-Grenze. (Przegl.zach.,1958, H.3, S.127-129)

Ostmann,H.: Die Rechtshilfeverträge der Deutschen Demokratischen Republik. (NJ,1958, H.16, S.545-550) 8

Paleckis,J.: Konferenz in Rio. (Betr.Interparl.Union).(N.Zeit,1958, H.34, S.7-10)

Pasquino: Die "Befreiung der Arbeitskräfte".(Betr.Landw.im Gem. Markt).(Weltb.,1958, H.34, S.1062-1065) 16

Prescher,J.: Gemeinsame Handelspolitik der Benelux-Union.(Ahdl., 1958, H.15, S.539-540)

Pribitkowski,L.: Schwindelreformen.(Betr.Afrika-Kolonialismus). (N.Zeit, 1958, H.33, S.8-10)

Primakow,J.: Die Umtriebe gegen die VAR.(N.Zeit,1958, H.32,S.8-10)

Rund um den Rapackiplan. (Przegl.zach.,1958,H.3, S.122-127)

Rose,H.: Bemerkungen zum Stationierungsabkommen zwischen der Regierung der UdSSR und der Regierung der DDR. (Schr.Dt.Vpol.,1958,H.25, S.19-23) 8

Schaffer,G.: Monopole fürchten Abrüstung. (Dt.Auss.pol.,1958,H.8, S.767-771)

Schirmer,G.: Zum völkerrechtlichen Begriff der Aggression. (Dt.Auss.pol.,1958, H.9, S.836-849)

Schirmer,G.: Die imperialistischen Aggression im Libanon und in Jordanien - ein Verbrechen gegen das Völkerrecht. (NJ, 1958,H.15, S.523-526)

Der Schutz der Kulturgüter in einem bewaffneten Konflikt.(Schlußprotokoll, Abkommen, Durchführungsordnung, Protokoll, Resolutionen). (Čas.pro mez.pr.,1958, H.3, S.244-260)

Seregin,V.: Schluß mit der imperialistischen Politik der Provokationen und Erpressungen.(Betr.China - Taiwan).(Kommunist,1958,H.12, S.75-83)

Slavík,Z.F.: V.Kopal, I.Mrázek, Fragen der Revision der UN-Charta, Prag, 1957, 242 S. (Rez).(Čas.pro mez.pr.,1958, H.3,S.233-235)

Thurm,G.: Zur Osthandelspolitik der Bundesrepublik. (Ahdl.,1958,H.15, S.545-547)

Träger,H.G.: Internationale Entspannung durch Ost-West-Handel. (Dt.Auss.pol.,1958, H.9, S.859-865)

Die unüberwindliche Bewegung unserer Zeit.(Betr.Unabhängigkeitsbewegung der Kolonialvölker).(Nová mysl,1958, H.9, S.782-789)

Veleoky,Z.: Die Ergebnisse der XII.UN-Vollversammlung.(Čas.pro mez. pr.,1958,H.3, S.161-178)

Villain,J.: Aufstand im schwarzen Afrika. (Weltb.,1958, H.33, S.1041-1044)

Villain,J.: Neues aus Nordafrika.(Betr.Marokko und Tunesien). (Weltb.,1958, H.38, S.1185-1188)

Villain,J.: Imperium in Liquidation.(Betr. Mittlerer Osten).(Weltb., 1958, H.32, S.998-1001)

Walczak,A.W.: Die Aufrüstung und die Grundlagen der Außenpolitik der Deutschen Bundesrepublik.(Przegl.zach.,1958, H.3,S.133-136)

Zacharova,N.V.(Sacharowa,N.W.): Über den Begriff und das Wesen der kollektiven Sicherheit.(Sov.gos.pravo, 1958,H.8, S.47-54)

Zinger, H.: Hintergründe der amerikanisch-englischen Intervention im Nahen Osten. (Einh.,1958, H.8, S.1183-1200)

7.Staatsrecht

Androssow,W.: Ohne Kapuze.(Betr.Rassenterror in USA).(N.Zeit,1958, H.33, S.10-12)

Antal, A.: Die Befugnisse des Präsidialrates der Volksrepublik in auswärtigen Angelegenheiten. (J.K., 1958, H.6, S.189-198)

Arabische Staaten: Saudiarabien, Jemen; Oman u.Maskat, Vertragsoman; Bahrein-Inseln, Aden. (N.Zeit, 1958, H.31, S.28-29; H.32, S.28-30; H.33, S.26-28)

Basymenski, L.: In Bonn. (Betr.Hauptstadt). (N.Zeit, 1958, H.33, S. 18-20)

Bertrand, P.: Die Banken regieren. (Betr.Regierung de Gaulle). (Weltb., 1958, H.38, S.1188-1193) 3

Bobotov, S.V.; A.I.Luk'janov (Bobotow, S.W.; A.I.Lukjanow): Die Kodifizierung und Systematisierung der Gesetzgebung in Frankreich in den Jahren 1956-1957. (Sov.gos.pravo, 1958, H.8, S.142-144)

Brill, E.: Der "Deutsche Kreis 58". (Betr.Pressefreiheit). (Weltb., 1958, H.36, S.1121-1126)

Brocke, K.: Berlin - Hauptstadt oder Frontstadt? (Dt.Auss.pol., 1958, H.8, S.724-745)

Buchholz, W.: Portugal nach 25 Jahren Salazar-Regime. (Dt.Auss.pol., 1958, H.9, S.869-876)

Farberov, N.P.: Über die Erforschung der neuesten Erfahrungen beim staatlichen Aufbau in den volksdemokratischen Ländern. (Sov.gos.pravo, 1958, H.8, S.3-13)

Der Kampf der französischen Werktätigen gegen die faschistische Gefahr. (ddz, 1958, H.171, S.28-35) 3

Ferrand, G.: Pariser Zwischenbilanz. (Betr.Staatskrise in Frankreich). (Weltb., 1958, H.32, S.1004-1007)

Freiberg, R.: Venezuela. (Nat., 1958, H.8, S.535-542)

Gafurov, B.: Die Erfolge der Nationalitätenpolitik der KPdSU und einige Fragen der internationalen Erziehung. (Kommunist, 1958, H.11, S.10-24) 6

Grüneberg, G.: Die führende Rolle der Partei der Arbeiterklasse in den staatlichen Organen umfassend verwirklichen. (Dem.Aufb., 1958, H.15, S.337-340)

Gwiźdź, A.: Aus den Problemen der gesetzgeberischen Prozedur. Über die Verabschiedung des Haushaltsgesetzes durch den Sejm. (P.i P., 1958, H.7, S.61-79)

Hübner, W.: Die Truppenteile der "Territorialen Verteidigung" - eine aggressive imperialistische Bürgerkriegsarmee. (Militärwesen, 1958, H.4, S.582-591)

Jarosz, Z.; W.Sokolewicz: Aus der Problematik des neuen Gesetzes über die Volksräte. (P.i P., 1958, H.7, S.80-104)

Jehle, H.u.a.: Über einige Erfahrungen aus der Arbeit der örtlichen Machtorgane bei der Verwirklichung des Gesetzeswerkes der 32.Volkskammertagung. (St R, 1958, H.8, S.836-848)

Jewsejew,N.: Eine monarchistische Verfassung.(Betr. franz.Verfassung). (N.Zeit, 1958, H.38, S.7-9)

Jurjew,J.: Die französischen Parteien vor dem Volksentscheid.(N.Zeit, 1958, H.32, S.10-12)

Kaurow,B.: Zwei Lager im Libanon. (N.Zeit, 1958, H.38,S.15-17)

Kruglov,A.: Die Erweiterung der Rechte der Unionsrepubliken auf dem Gebiet der Gesetzgebung.(Soc.zak (SSSR),1958, H.7, S.5-10)

Die Landtagswahlen in Nordrhein-Westfalen (6.Juli 1958). (ddz,1958, H.172, S.35-38)

Lapizki,I.: Rassismus und Außenpolitik.(Betr.Rassenterror in den USA). (N.Zeit, 1958, H.35, S.12-15)

Makosch,U.: Eine neue Etappe im indonesischen Freiheitskampf. (Dt.Auss.pol.,1958, H.8, S.772-778) 6

Die "Militärseelsorge" -ideologisches Instrument der Bonner Aggressionspolitik. (Militärwesen,1958, H.4, S.592-597)

Müller,H.: Auf dem Wege zur umfassenden Zusammenarbeit mit den Massenorganisationen. (Dem.Aufb.,1958, H.16, S.376-378)

Otto,G.: Gesetze im Dienste der Aufrüstung. (Militärwesen,1958,H.4, S.648-652)

Rattinger,B.: Die Staats- und Verfassungskrise in Frankreich. (Nová mysl, 1958, H.9,S.831-843)

Regentowa,M.: Die gesetzgeberische Tätigkeit des Sejms der PVR während der Herbst-Sitzungsperiode 1957/1958. (Palestra,1958,H.7-8, S.3-15)

Richter,K.: Die Krise des französischen Imperialismus.(Dt.Auss.pol., 1958, H.8, S.759-766)

Sagladin,W.: Was die französische Reaktion will. (N.Zeit,1958,H.35, S.8-12)

Sagladin,W.: Totengräber der Republik.(Betr. franz.Verfassung). (N.Zeit,1958, H.38, S.9-12)

Schüßler,G.: Der demokratische Zentralismus als Grundprinzip der sozialistischen Staatsmacht. (St R,1958, H.7,S.720-737)

Sedugin,P.: Die rechtlichen Folgen der Beschlagnahme von Boden für gesellschaftliche Zwecke. (Sov.jus.,1958, H.4,S.22-25) 13

Sefrin,M.: Den Mittelstand verstärkt in den sozialistischen Aufbau einbeziehen. (Dem.Aufb.,1958, H.16, S.361-364)

Slowik,Z.: Ghana. (Nowe Drogi, 1958, H.8, S.129-134)

Für die strengste Wahrung der Staatsdisziplin. (Kommunist,1958, H.12, S.32-39)

Uralow,P.: Die politische Lage in Burma. (N.Zeit, 1958, H.32, S.19-20)

Villain,J.: Frankreich vor der Wahl. (Weltb.,1958, H.39, S.1226-1232)

Die Volksbefragung gegen die Atomaufrüstung in der Bundesrepublik. (ddz, 1958,H.173, S.24-30)

Dem Wahlprogramm der Nationalen Front-die Aktivität unserer Partei. (Einh.,1958, H.9, S.1217-1228)

Zur Bildung der Wirtschaftsräte in den Bezirken der DDR.(ddz,1958, H.171, S.14-18)

Zazworka,G.: Die Rolle der Kernwaffen in der imperialistischen Konzeption des Adenauerregimes. (Militärwesen, 1958, H.4,S.571-581)

3.6

8.Gerichtsverfassung (einschließlich Staatsanwaltschaft, Justizverwaltung,Notariat u.Anwaltschaft)

Aniščenko,A.(Anischtschenko,A.): Die Kontrolle über die Tätigkeit der Volksgerichte richtig organisieren.(Sov.jus.,1958,H.5,S.47-49)

Badkowski,A.: Eine Diskussion über die Berufsethik des Rechtsanwalts in Kanada. (Palestra,1958, H.7-8, S.90-96)

Benjamin, H.: Gedanken zur Richterwahl.(NJ,1958,H.18, S.617-620)

Benjamin,H.: Unsure Arbeit dient dem Sieg des Sozialismus.(Schöffe, 1958, H.8, S.233-236)

Die Bonner Justiz im Dienste der Atomkriegspolitik. (ddz,1958,H.172, S.29-35)

Den dialektischen Materialismus in der Rechtsprechung beachten! (Schöffe, 1958, H.9, S.280-284)

Übersicht über Gerichte und Justizverwaltung der DDR. (T.1 u.2) (Schöffe,1958, H.8, S.255-258; H.9,S.290-292)

Hugot,H.: Sozialistisches Rechtssystem und sozialistische Gerichte. (Schöffe,1958, H.9, S.265-268)

Kalenov,J.: Die Arbeit auf dem Gebiet der Auswahl, des Einsatzes und der Erziehung der Kader der Justizorgane der RSFSR muß größtmöglich verbessert werden. (Sov.jus.,1958, H.7, S.17-22)

Maciejewski,A.: Noch einmal über die Zulassung zur Advokatur. (Palestra, 1958,H.7-8, S.16-19)

Mamut,L.;A.Ugrjumov: Karl Marx über das Gericht und die Rechtsprechung. (Sov.jus.,1958, H.5, S.6-11)

Melsheimer,E.: Die Aufgaben der Staatsanwaltschaft nach dem V.Parteitag. (NJ, 1958,H.15, S.511-513)

Der V.Parteitag fordert eine neue Qualität der Arbeit.(Betr.Gerichte - Schöffen).(Schöffe,1958, H.8, S.239-244)

Peter,R.;H.Püschel: Zur gerichtsverfassungsrechtlichen Stellung des Sekretärs in Zwangsvollstreckungssachen.(NJ, 1958,H.18,S.635-640)

18

Pšeničnov,E.(Pschenitschnow,E.): Die Autorität der sowjetischen Anwaltschaft festigen. (Sov.jus.,1958,H.6, S.22-25)

Ranke,H.;G.Jahn: Der V.Parteitag und einige Aufgaben der Justizorgane. (NJ,1958, H.15, S.517-520)

Die Leninschen Prinzipien der sozialistischen Rechtsprechung müssen gewahrt werden. (Sov.jus.,1958,H.4, S.1-5) 3

Seifert,H.: Erste Gedanken zur Einführung einer Praktikantenzeit. (NJ, 1958, H.16, S.553-555)

Streit,J.: Einige Probleme der Arbeit der Staatsanwaltschaft und der Justiz nach dem 5.Parteitag. (NJ,1958,H.15, S.520-523)

Dokumentarischer Nachweis. Über den Leiter der Agentenzentrale "UfJ". (Dem.u.R.,1958, H.4, S.109-125)

Vetrov,I.D.(Wjetrow,I.D.): Einige Fragen der Kodifizierung der Republikgesetzgebung und des Aufbaus des Gerichtssystems.(Sov.gos. pravo,1958, H.9, S.87-91) 7

Die Zusammenarbeit zwischen Volksvertretungen und Gerichten.(Schöffe, 1958, H.9,S.273-278)

Weber,F.;V.M.Frank: Die Zuständigkeit der Gerichte für Streitigkeiten aus der Pflichtablieferung landwirtschaftlicher Erzeugnisse. (NJ, 1958,H.17, S.595-597) 9

9.Verwaltungsrecht und Allgemeine Aufsicht des Staatsanwalts

Abelmann,G.;H.Bernd: Rechtsnorm und Verwaltungsanweisung? (St R, 1958, H.7, S.654-668) 3

Anijanc,M.K.: Zur Frage der Abänderung der Gesetzgebung über die administrative Verantwortlichkeit der Bürger. (Sov.gos.pravo,1958, H.8, S.117-120)

Anstett,J.: Der V.Parteitag und die Aufgaben der Verkehrspolizei. (Vpol.,1958, H.16, S.10-12)

Bar,L.: Die Verwaltungsgerichte in Großbritannien. (P.i P.,1958,H.7, S.105-113)

Brosch,O.: Die klassenmäßige Zuordnung der Einzelbauern in der Volkszählung. (Stat.Prax.,1958, H.8, S.172-173) 16

Casparius,G.: In unserer Kaderarbeit entwickelt sich das Neue. (Dem.Aufb.,1958, H.16, S.382-383)

Čausovskij, K.(Tschausowsskij,K.): Die sorgfältige und aufmerksame Behandlung von Beschwerden - eine der wichtigsten Aufgaben des Staatsanwalts. (Soc.zak.(SSSR), 1958, H.8,S.71-73)

Cipro,M.: Die weitere Entwicklung des Schulsystems.(Nová mysl,1958, H.9, S.804-817)

Engert,M.: Demokratische Mitarbeit und Zentralismus bei der Planung und Leitung unserer Volkswirtschaft. (Wirtsch.Wiss.,1958,H.4, S.481-494) 7

Fuchs,H.: Zum Ordnungsstrafverfahren. (NJ,1958, H.18,S.640-643) 11

Gentz,J.: Das Dienstsiegel der örtlichen Organe.(Dem.Aufb.,1958, H.18, S.428-430)

Hannemann,H.: Erste Aufgaben der Wirtschaftsräte aus den Beschlüssen des V.Parteitages der SED. (Dem.Aufb.,1958, H.15,S.356-358)

Hentschel,P.: Kontrolle der Durchführung - Hauptkettenglied zur Verbesserung der Leitungsarbeit. (Dem.Aufb.,1958, H.15, S.349-351)

Herr,H.: Die Aufgaben der Baustatistik nach dem V.Parteitag. (Stat.Prax.,1958, H.9, S.193-194)

Hess,H.: Die zusätzliche Konsumgüterproduktion - der Vorsitzende des Wirtschaftsrates und die Presse. (Dem.Aufb.,1958,H.17, S.397-400)

Heuer,K.;G.Schad: Für eine gesetzliche Festlegung der Rechte und Pflichten der Hochschullehrer. (Hswesen, 1958,H.7/8,S.323-330)

Jentsch,K.: Einige wichtige Bestimmungen der Meldeordnung. (Schr.Dt.Vpol.,1958, H.25,S.24-27)

Sozialistischer Jugendschutz ist eine politisch-ideologische Aufgabe und Angelegenheit aller! (Jug.Heimerz.,1958, H.7,S.289-292)

Kacuk,M.: Die Aufsicht über die Wahrung der Gesetzlichkeit in der Tätigkeit der Volkswirtschaftsräte. (Soc.zak.(SSSR),1958,H.8,S.40-43)

Karge,W.: Die freiwilligen Helfer sind kein „Ballast".(Vpol.,1958, H.17, S.12-13)

Köppert,W.: Die Einbeziehung des privaten Einzelhandels in den sozialistischen Aufbau. (Hdl.,1958, H.9, S.497-506)

Krenz,G.: Der V.Parteitag der SED und die Aufgaben der staatlichen Organe bei der Leitung des Bauwesens. (Dem.Aufb.,1958,H.15,S.343-347)

Kymin,G.: Zur schulpolitischen Entwicklung in Westdeutschland.(Einh., 1958, H.9, S.1305-1313)

Lajos,T.: Gesetz über das neue System der staatlichen Kontrolle. (J.K.,1958, H.6, S.230-237)

Lange,A.: Die ökonomische Hauptaufgabe unserer Republik und die bezirks- und örtlichgeleitete Industrie. (Dem.Aufb.,1958,H.16,S.364-367)

Leymann,E.: Den Erziehungsprozeß in der täglichen Arbeit fördern. (Betr. Kader im Staatsapparat).(Dem.Aufb.,1958, H.18, S.418-420)

Leymann,E.;K.Pröger: Die neuen Aufgaben erfordern eine neue Qualität der staatlichen Tätigkeit. (Dem.Aufb.,1958,H.15, S.351-355)

Mannschatz, E.: Von der Jugendschutzkonferenz.(Jug.Heimerz.,1958, H.9, S.414-420)

Mikul'skij, K.(Mikulsskij,K.): Über die Vervollkommnung der Leitung der Industrie in der Deutschen Demokratischen Republik.(Vopr.ekon., 1958, H.7, S.147-153)

Müller,E.: Das System der freiwilligen Helfer festigen.(Vpol.,1958, H.18, S.22-23)

Putlitz,W.zu: Das Bonner Auswärtige Amt in der Ära Brentano. (Dt.Auss.pol.,1958, H.8, S.746-752) 6

Rosickij,M.: Über die neuen Formen der Organisation der Leitung von Industrie und Bauwesen in der Tschechoslowakischen Republik. (Vopr.ekon.,1958, H.8, S.55-65)

Schmidt,W.: Polytechnische Bildung und Erziehung - Kernfrage der Weiterentwicklung unserer Schule. (Dem.Aufb.,1958, H.17,S.400-402)

Mit den Augen der Statistik über das Schulwesen.(Nowe Drogi,1958, H.9, S.115-119)

Schwertner,E.: Über die Beschaffung landwirtschaftlicher Erzeugnisse in der DDR. (WZ Berlin (GR),1957/58,H.1, S.143-147)

Seigewasser,H.: Die sozialistische kameradschaftliche Hilfe allseitig entwickeln. (Dem.Aufb.,1958, H.18, S.421-423) 7

Wie müssen jetzt die zentralen Staatsorgane arbeiten? (Dem.Aufb., 1958, H.15, S.340-343)

Struck,H.J.: Zur Frage der Staatshaftung. (NJ,1958, H.17,S.597-598)

Subockij,J.V.(Subozkij,J.W.): Über die Auferlegung von Verwaltungsstrafen.(Sov.gos.pravo, 1958, H.9, S.115-120)

Urban,K.H.: Stellung und Aufgaben des Instituts für Kommunalwirtschaft. (Stadt u.Gem.,1958, H.8, S.18-20)

Wachowitz, H.: Ein weiterer Schritt auf dem Wege zum Kommunismus. (Betr.Erfassung landw.Erzeugnisse in der UdSSR).(Einh.,1958,H.9, S.1251-1261) 16

Wenediktow,A.W.: Über einige Organisationsprobleme der Industrie. (Sov.gos.pravo, 1958,H.5, S.56-69; deutsch: RID,1958,H.17,Sp.485-499)

10.Finanzrecht

Ambrée, K.: Die Festpreisbildung duldet keine Verzögerung.(DFW,1958, H.16, Ausg.Fin.u.Buchf. S.464-471)

Wer bezahlt die Bonner Rüstung? (DFW,1958,H.16,Ausg.Staatsh.,S.414-416)

Zur Haushaltslage der Städte und Gemeinden der Bundesrepublik."Denn die Letzten werden die Hunde beißen".(Stadt u.Gem.,1958,H.8,S.34-37)

Hoffmann,H.: Der Finanzplan - ein Instrument der Plankontrolle bei den Sparkassen. (DFW,1958, H.16, Ausg.Geld u.Kred./Vers.,S.472-475)

Hummel, W.: Die Finanzorgane und die sozialistische Umgestaltung der privaten Wirtschaft. (DFW, 1958,H.18, S.287-290) 9

Kittel,K.: Die Aufgaben der Sparkassen nach dem V.Parteitag.(T.1u.2) (DFW, 1958,H.17, Ausg.Geld u.Kred./Vers.,S.484-487; H.18,S.512-514)

Kogan,M.L.: Über die Haushaltsrechte der Unionsrepubliken.(Sov.gos. pravo, 1958,H.8, S.26-35) 7

Kotow,W.F.: Über die rechtliche Behandlung der Mittel der Betriebe mit wirtschaftlicher Rechnungsführung. (Sov.gos.pravo,1958,H.5,S.90-98; deutsch: RID,1958,H.17, S.511-520)

Lippold,T.: Verbrauchsabgaben und Festpreise.(T.1.u.2).(DFW,1958, H.17, Ausg.Staatsh.,S.434-445; H.18, S.453-455)

Mervart,J.: Die Preise auf dem sozialistischen Weltmarkt.(Nová mysl, 1958, H.9, S.818-830) 6

Polaschewski,E.: Komplexe Anleitung führt zu Erfolgen.(Betr.Finanzbeiräte). (DFW,1958, H.16, S.253-255)

Schulz,W.: Über einige Fragen der zukünftigen Besteuerung von Produktionsgenossenschaften des Handwerks.(DFW,1958, H.18,Ausg.Staatsh., S.439-442)

Zimmermann,H.: Die Obligationen für den Wohnungsbau - ein Instrument des einheitlichen Finanzsystems. (DFW,1958, H.18, Ausg.Geld u.Kred./ Vers., S.510-512)

11.Strafrecht, Strafprozeß

Aksel'rod,S.S.;N.N.Poljanskij,V.I.Kaminskaja: Zwei Bücher über Fragen des Prozeßrechts in der DDR. [Nathan, Das Zivilprozeßrecht der DDR. Bln.1917,427 S. u.Fragen des Beweisrechts im Strafprozeß,Bln.1957, 180 S. (Rez.)] (Sov.gos.pravo, 1958, H.8,S.136-141)

Bakakin,A.;B.Bogdanov: Über die Bedeutung des Geständnisses des Angeklagten. (Sov.jus.,1958, H.5, S.50-53)

Bakšeev,S.(Bakschejew,S.): Der Entwurf der Grundzüge der Strafgesetzgebung der Union der SSR und der Unionsrepubliken.(Sov.jus.,1958, H.7, S.5-10)

Berdičevskij,F.O.Čistjakov(Berditschewskij,F;O.Tschistjakow,):Über die Reorganisation der Voruntersuchung.(Soc.zak.(SSSR),1958, H.7, S.21-25)

Boleev,A.(Boljejew,A.): Die Grenzen der Notwehr. (Soc.zak.(SSSR), 1958, H.8, S.30-33)

Cieślak,M.: Die Richtlinien des Obersten Gerichts über die Strafzumessung und das Problem der Gesellschaftsgefährlichkeit.(Palestra, 1958, H.7-8, S.73-82)

Čikvadse,V.M.(Tschikwadse,W.M.): Die Bedeutung der Auffassungen Lenins über Fragen des Verbrechens und der Strafe für das sowjetische Strafrecht.(Sov.gos.pravo,1957,H.11, S.130-145; deutsch: RID,1958, H.16, Sp.453-469)

Čistjakov,M.(Tschistjakow,M.): Das Recht des Angeklagten auf Verteidigung im Stadium der gerichtlichen Untersuchung.(Sov.jus.,1958, H.5, S.54-57)

Dobrovol'skaja,T.N.(Dobrowolsskaja,T.N.): Die Garantien des Rechtes der Persönlichkeit im sowjetischen Strafprozeß.(Sov.gos.pravo,1958, H.9, S.92-96)

Dubkov,E.u.a.: Zu den Entwürfen des StGB und der StPO der RSFSR. (Sov.jus.,1958, H.5, S.31-37)

Gercenzon,A.(Herzenson,A.): Wie soll man die Untersuchung der Kriminalität organisieren? (Sov.jus.,1958, H.1,S.6-10; deutsch: RID,1958, H.16, Sp.469-473; Pr.,1958, H.7, S.643-647)

Grodzinskij,M.: Über die Methoden der Beweisführung im sowjetischen Strafprozeß. (Sov.jus.,1958, H.4, S.11-15)

Gucenko,K.(Guzenko,K.): Mehr Aufmerksamkeit den Privatklagen. (Sov.jus.,1958, H.4, S.41-43)

Jakovlev,M.:(Jakowljew,M.): Die Verhütung von Verbrechen.(Soc.zak. (SSSR), 1958,H.8, S.14-17)

Jakubovič,M.I.;S.S.Stepičev(Jakubowitsch,M.I.;S.S.Stjepitschjew): Die Ausweisung als Strafmaß.(Sov.gos.pravo,1958,H.8,S.106-108)

Jasiński,J.: Einige Bemerkungen über die Veröffentlichung und die Ausarbeitung der Kriminalstatistik. (P.i P.,1958, H.7,S.127-134) 9

Ivanov,N.M.(Iwanow,N.M.): Über die strafrechtliche Verantwortung bei Entwendung von sozialistischem Eigentum.(Sov.gos.pravo, 1958,H.8, S.93-98)

Ivanov,V.N.(Iwanow,W.N.): Soll die Vermögensbeschlagnahme als Strafart aufrecht erhalten bleiben? (Sov.gos.pravo,1958,H.9, S.100-101)

Kaminskaja,V.I.: Über das Recht des Angeklagten auf Verteidigung im Stadium der Voruntersuchung.(Sov.gos.pravo, 1958,H.9, S.97-99)

Kaz,C.;G.Čanguli(Kas,Z.;G.Tschanguli): Die Bedeutung des Bewußtseins des Beschuldigten. (Sov.jus.,1958,H.6, S.60-62) 3

Kiričenko,V.F.(Kiritschjenko,W.F.): Umstände, die eine strafrechtliche Verantwortung ausschließen. (Sov.gos.pravo, 1958,H.8,S.89-92)

Knecht,G.: Über die öffentliche Bekanntmachung nach § 7 StEG. (NJ, 1958, H.17, S.598-600)

Kovolev,M.;A.Šagalov(Kowoljew,M.;A.Schagalow): Die Mängel in der Anwendung der Besserungsarbeit müssen beseitigt werden.(Sov.jus.,1957, H.5, S.46-48; deutsch: RID,1958, H.16, Sp.481-484)

Krachmal'nik,S.;S.Černjajew(Tschernjajew,S.): Die Anwendung von Besserungsarbeiten.(Soc.zak.,(SSSR),1958, H.7, S.29-33)

Krukovskij,I.(Krukowsskij,I.): Die Anwendung der Prinzipien der Absorption und der Gesamtstrafenbildung in der Gerichtspraxis. (Sov.jus.,1958, H.4, S.17-21)

Krutzsch,W.;H.Hugot: Die gesellschaftliche Erziehung bei bedingter Verurteilung und öffentlichem Tadel.(NJ,1958,H.15, S.527-529)

Kudjavcev,V.(Kudjawzew,W.): Die Verbrechensverhütung ist eine wichtige Form des Kampfes gegen die Überreste des Kapitalismus im Bewußtsein der Menschen. (Sov.jus.,1958,H.2,S.15-19; deutsch: RID,1958, H.16, Sp.474-477)

Kühlig,G.;H.Müller: Die Strafverfahren wegen Fortführung der KPD. NJ,1958, H.16, S.569-572)

Kurzin,B.;E.Velikamny(Welikamni,E.): Mängel bei der Anwendung der vorzeitigen Strafaussetzung. (Sov.jus.,1958, H.6, S.57-59)

Lekschas,J.;J.Renneberg: Probleme der sozialistischen Strafgesetzgebung in der Deutschen Demokratischen Republik. (St R,1958,H.8,S.795-817)

Michajlovskaja, I.: Über das Beweisrecht im anglo-amerikanischen Strafprozeß. (Soc.zak.,(SSSR),1958,H.7, S.85-86)

Novotný,O.: Zu einigen Fragen der Strafzumessung.(Pr.,1958,H.7, S.624-643)

Orschekowski,W.: Die Theorie des materiellen Verbrechensbegriffs und seine praktische Anwendung durch die Untersuchungsorgane bei geringfügigen Handlungen.(Schr.Dt.Vpol.,1958, H.25,S.41-61)

Piontkovskij, A.A.: Grundlegende Fragen des Strafrechts im Entwurf der Grundzüge der Strafgesetzgebung der Union der SSR und der Unionsrepubliken. (Sov.gos.pravo,1958,H.9, S.80-86)

Poljanskij, N.: Der Strafprozeß Italiens nach wie vor "schwer krank". (Soc.zak.,(SSSR),1958, H.7, S.84-85)

Polockij,E.;E.Šejno(Schejno,E.): Die Beteiligung des Verteidigers an der Voruntersuchung nach der Gesetzgebung der volksdemokratischen Staaten. (Sov.jus.,1958,H.5, S.61-63)

Pronina,W.;M.Birjukova: Alle Formen im Kampf gegen die Jugendkriminalität anwenden. (Sov.jus.,1958, H.5, S.23-27)

Römer,A.;W.Hennig: Die Verbrechen gegen die Deutsche Demokratische Republik.(T.3).(Schr.Dt.Vpol.,1958, H.25, S.62-77)

Rybczyński,St.: Über die neue Änderung der Strafprozeßordnung. (Palestra, 1958, H.7-8, S.34-42)

Sacharov,A.: Die Verantwortlichkeit bei Korruption.(Soc.zak.(SSSR), 1958,H.8, S.55-57)

Sacharov,A.B.: Einige Fragen der Mittäterschaft und der Beteiligung im Zusammenhang mit der Kodifizierung der Strafgesetzgebung. (Sov.gos.pravo, 1958, H.9, S.104-107)

Savickij,V.(Sawizkij,W.): Die Handlungen des Staatsanwalts bei Entscheidung, ob eine Strafsache dem Gericht zu übergeben ist. (Soc.zak.(SSSR), 1958, H.8, S.79-81)

Savickij,V.M.(Sawizkij,W.M.): Fragen der Untersuchung von Verbrechen im Zusammenhang mit dem Entwurf der StPO der RSFSR. (Sov.gos.pravo, 1958, H.8, S.99-105)

Schmidt,H.: Schaffung eines sozialistischen Strafrechts.(NJ,1958, H.18, S.630-634)

Schneider,G.: Die Tätigkeit des Kraftfahrzeug-Sachverständigen vor den Verkehrsgerichten. (Schr.Dt.Vpol.,1958, H.25, S.36-40)

Šifman,M.(Schifman,M.): Diskussionsfragen des Strafverfahrens. (Soc.zak.(SSSR), 1958, H.7, S.14-20)

Šlykov,S.A.;A.S.Mechlin(Schlikow,S.A.): Umstände, die die strafrechtliche Verantwortung mildern und erschweren. (Sov.gos.pravo,1958, H.8, S.77-79)

Zur Anwendung der neuen Strafarten des StEG. (Schöffe, 1958, H.8, S.244-248)

Wie das sowjetische Gericht die Strafe festsetzt. (Sov.jus.,1958, H.4, S.61-63)

Šubrov,S.(Schubrow,S.): Die Gerichtspraxis in Sachen, die mit der Anwendung der Gesetzgebung über die Notwehr im Zusammenhang stehen. (Soc.zak.(SSSR), 1958, H.7, S.26-28)

Suchodrev,V.: Einige Fragen des Entwurfs der Grundlagen des Strafverfahrens der Union der SSR und der Unionsrepubliken.(Sov.jus., 1958, H.7, S.11-16)

Sykov,I.;I.Averkijev;M.Ivanov(Sykow,I.;I.Awerkijew;M.Iwanow): Der Kampf gegen die Kriminalität muß verstärkt werden. (Soc.zak.(SSSR), 1957, H.5, S.31-34; deutsch: RID, 1958, H.16, Sp.478-481)

Teterin,B.S.: Die Wiederaufnahme von Verfahren bei neu festgestellten Umständen nach dem Entwurf der Grundlagen des Strafverfahrens der Union der SSR und der Unionsrepubliken. (Sov.gos.pravo,1958, H.9, S.102-104)

Usenko,I.(Ussjenko,I.): Die Praxis bei der Anwendung des Erlasses über die Verantwortung für geringfügige Spekulation.(Soc.zak.(SSSR), 1958, H.8, S.44-46)

Viktorov,B.A.: Kritik an einigen Thesen über das sowjetische Strafverfahren. (J.K.,1958, H.6, S.220-225)

Vyšinskaja,Z.A.;A.V.Kuznecov(Wischinskaja,S.A.;A.W.Kusnjezow): Einige Bemerkungen zum Entwurf der Hauptprinzipien der Strafgesetzgebung der Union der SSR und der Unionsrepubliken.(Sov.gos.pravo, 1958, H.8, S.73-76)

Wolter,W.: Aus der Problematik der Strafzumessung (Das mittlere Strafmaß). (P.i P.,1958, H.7,S.3-25)

Zagorodnikov,N.I.(Sagorodnikow,N.I.): Über den Aufbau der künftigen Strafgesetzgebung als einheitliches System der Rechtsnormen. (Sov.gos.pravo, 1958, H.8, S.80-83) 3.7

Žgutov, V.(Shgutow,W.): Zur Kodifizierung der Strafgesetzgebung. (Soc.zak.(SSSR), 1958, H.7, S.10-13)

Zlatković,V.(Slatkowitsch,W.): Änderung der Anklage im Plädoyer des Staatsanwalts. (Soc.zak.(SSSR), 1958, H.8, S.68-71)

12.Kriminalistik,Gerichtliche Medizin, Gerichtspsychiatrie,-psychologie

Gukovskaja,N.;V.Svešnikov(Gukowskaja,N.;W.Sweschnikow,W.): Kann der Gerichtsmediziner ein Gutachten über die Art eines gewaltsamen Todes abgeben? (Soc.zak.(SSSR), 1958, H.7, S.41-45)

Kolmakov,V.: Die Tatortbesichtigung bei Anschlägen auf das Leben. (Soc.zak.(SSSR), 1958, H.7, S.46-50)

Ocherna1,M.: Der Fingerabdruck und die kosmetische Chirurgie. (Schr.Dt.Vpol.,1958, H.25, S.92-94)

Schmidt,H.D.: Zur pädagogisch-psychologischen Problematik sexuell mißbrauchter Kinder. (Jug.Heimerz.,1958, H.8, S.375-380)

13.Zivilrecht

Andor,L.: Das Versicherungsrecht im Entwurf des Bürgerlichen Gesetzbuches. (J.K.,1958, H.6, S.215-220)

Braude,I.u.a.: Über das Eigentumsrecht an einem Gebäude.(Sov.jus., 1958, H.7, S.65-69)

Eörsi,G.: Zur Diskussion über den neuen Entwurf des ungarischen Zivilgesetzbuches. (J.K.,1958,H.1/2,S.1-6; deutsch: RID,1958,H.18, Sp.542-550)

Géza,K.: Bemerkungen zu den Einführungsbestimmungen des Bürgerlichen Gesetzbuches der Ungarischen Volksrepublik. (J.K.,1958, H.6,S.198-206)

Grafe,E.: Der Beförderungsvertrag im Luftverkehr.(WZ Dresden,1957/58, H.3, S.523-534) 15

György,C.: Der Vertragsbruch im Entwurf des Bürgerlichen Gesetzbuches. (J.K.,1958, H.6, S.206-215)

Heue: K.;W.Panzer: Das Schuldrechtslehrbuch und die Aufgaben der Zivilrechtswissenschaft. (St R,1958, H.7, S.669-688)

Jurovskij,L.: Über das Eigentumsrecht an gemeinsam gebauten Häusern. (Sov.jus.,1958, H.4, S.54-56)

Knapp,V.: Zu den westdeutschen Theorien über die "Eigentumsbildung in Arbeiterhand". (Pr.,1958, H.7, S.581-596) 1

Pernica,K.M.: Aufgaben, Organisation und Entwicklungstendenzen der Konsumgenossenschaften in der ČSR. (Hdl.,1958, H.8, S.470-473)

14.Urheber-und Erfinderrecht

Lehmann,O.: Neuerer, Rationalisatoren und Erfinder stärker fördern. (Arb.,1958, H.8, S.17-19.)

Rinl,E.: Die Neuererbewegung in der Landwirtschaft und die LPG. (DuV, 1958, H.9, S.257-259) 16

15. Vertragssystem, Vertragsgerichtliches Verfahren

Fülle,H.: Die Veränderung der Arbeitsweise des Staatsapparates und die zwischenbetrieblichen materiellen Beziehungen.(Vertr.Syst.,1958, H.8, S.208-213) 9

Guskowa,I.: Zur Änderung der rechtlichen Regelung der materiell-technischen Versorgung in der UdSSR. (Vertr.Syst.,1958, H.7, S.176-178)

Hemmerling,J.: Über die Verantwortlichkeit für das Fehlen von Arbeitskräften. (Vertr.Syst.,1958, H.8, S.213-216)

Hesse: Garantie bei Zulieferungen für Export. (Vertr.Syst.,1958, H.7, S.187-188)

Knapp,V.: Zur rechtlichen Regelung der Liefer- und Abnahmebeziehungen. (Nová mysl, 1958,H.5, S.436-447; deutsch: RID,1958,H.17,Sp.499-511)

Lengwinat,K.;U.D.Wange: Planvorbereitung und Vertragssystem. (Vertr.Syst.,1958,H.8, S.203-207) 9

Lesnau,W.: Zur Wirksamkeit materieller Sanktionen im Importgeschehen. (Vertr.Syst.,1958, H.8, S.216-218)

Meiser,W.: Mindestsortimentslisten und Verkaufsstellenverträge. (Vertr.Syst.,1958, H.7, S.179-182)

Molčanova,O.(Moltschanowa,O.): Die Untersuchung von Streitsachen, die sich aus dem Gütertransport auf der Eisenbahn und zu Wasser ergeben. (Sov.jus.,1958, H.6, S.6-10)

Näther: Zur Abgrenzung der Verantwortlichkeit zwischen Investitionsträger und Baubetrieb. (Vertr.Syst.,1958, H.7, S.182-185)

Pflicke,G.: Zur Bedeutung des Vertragsrechtes für die Entwicklung des sozialistischen Bewußtseins.(Vertr.Syst.,1958, H.7, S.169-176) 3

Rapoport,J.I.: Über die Verantwortlichkeit der Eisenbahnen bei Verletzung der Liefertermine. (Sov.gos.pravo, 1958,H.9, S.71-79)

Rochlina,K.L.;E.N.Jakovleva(E.N.Jakowlewa): Streitsachen über ein Warenmanko bei auswärtigen Lieferungen.(Sov.gos.pravo,1958, H.9, S.108-112)

Schwertner, E.: Über das Vertragssystem bei der Erfassung und dem Aufkauf landwirtschaftlicher Produkte. (Wirtsch.Wiss.,1958,H.4, S.511-522) 9,16

Spitzner,O.: Zu einigen Fragen des neuen Vertragsgesetzes. (WZ Rostock, 1957/58, H.1, S.1-4)

Spitzner,O.: Der Sozialismus siegt! (Betr.Vertragssystem nach dem V. Parteitag).(Vertr.Syst.,1958, H.8, S.201-203)

Štulc,J.: Die Übernahme und Übergabe fertiggestellter Bauten und die Genehmigung zur Inbetriebnahme. (Pr.,1958,H.7, S.610-624)

Such,H.: Die Grundsätze der Regelung der materiellen Verantwortlichkeit im Gesetz über das Vertragssystem der sozialistischen Wirtschaft der DDR. (Pr.,1958, H.7, S.571-580)

Wege,A.: Die Bekämpfung von Transportschäden durch die Staatlichen Vertragsgerichte. (Vertr.Syst.,1958, H.8, S.218-220)

16.LPG-Recht, Bodenrecht

Baier,E.: Weiterentwicklung des LPG-Rechts.(NJ,1958, H.17, S.588-594)

Barthel,H.;M.Voigt: Zur Flurbereinigung in Westdeutschland nach 1945. (Wirtsch.Wiss.,1958, H.4, S.537-553)

Bašmakov,G.S.(Baschmakow,G.S.): Eine Konferenz über Fragen der Kodifizierung der kollektivwirtschaftlichen Gesetzgebung.(Sov.gos.pravo, 1958, H.9, S.128-131)

Bolgov,A.: Die Politik der Festigung des Bündnisses der Arbeiterklasse und der Bauernschaft und die neue Etappe in der Entwicklung der Kollektivwirtschaftsordnung. (Vopr.ekon.,1958, H.8, S.16-25)

Čerepnin,I.(Tscherepnin,I.): Fragen der Entlohnung der Mechanisatoren in den Kollektivwirtschaften.(Vopr.ekon.,1958,H.8,S.39-46) 19

Grigor'jev,V.;N.Sinicyn(Sinizin,N.): Eine neue Etappe in der Entwicklung der Kollektivwirtschaftsordnung. (Sov.jus.,1958, H.4, S.6-11)

Großmann,W.: Neue Qualitäten ergeben höhere Aufgaben.(Betr. sozialistische Umgestaltung der Landwirtschaft)(Dem.Aufb.,1958, H.16, S.373-376. 9

Jakovlev,P.(Jakowlew,P.): Die Rechtsordnung der Geldmittel der Kollektivwirtschaften. (Sov.jus.,1958, H.7, S.23-26) 10

Kosyr,M.I.: Zur Rechtsstellung des kollektivwirtschaftlichen Eigentums. (Sov.gos.pravo, 1958,H.4,S.43-51; deutsch: RID,1958, H.18, Sp.529-537)

Mückenberger,E.: Ein Widerspruch und seine Lösung. (Betr. Sieg des Sozialismus auf dem Lande u.die Einzelbauernwirtschaft).(Vpol., 1958, H.17, S.1-3,6-7)

Mückenberger,E.: Den Sieg des Sozialismus in der Landwirtschaft organisieren. (Dem.Aufb.,1958, H.17, S.385-390)

Orlovski,K.P.: Eine neue Etappe des Kolchosaufbaus.(Sov.gos.pravo, 1958,H.4, S.28-32; deutsch: RID,1958, H.18, Sp.538-542)

Pak Den Aj: Der Sieg des Genossenschaftswesens in der Volksrepublik Korea. (Kommunist,1958, H.12, S.53-61)

Pank,U.: Untersuchungen über die Arbeit der Landfrauen (als werktätige Einzelbäuerin, als Genossenschaftsbäuerin und als Landarbeiterin).(WZ Rostock, 1957/58, H.1, S.41-111) 19

Paśko,A.; S.Paśko: Über die Situation in den Produktionsgenossenschaften.(Betr. LPG).(Nowe Drogi, 1958, H.8, S.10-26)

Pavlov,I.V.(Pawlow,I.W.): Das Kollektivwirtschaftsrecht in der gegenwärtigen Etappe.(Sov.gos.pravo, 1958, H.9, S.3-9)

Petrušov,A.(Petruschow,A.): Die Lage der Bauernschaft in den kapitalistischen Ländern. (Sov.Wiss.(GB),1958, H.9, S.1080-1096)

Pjatnitzki, P.P.: Die Erörterung der Fragen der weiteren Entwicklung und Festigung der Kolchosordnung. (Sov.gos.pravo, 1958,H.4,S.85-91; deutsch: RID, 1958, H.18,Sp.521-529)

Richter,H.: Die 2.Tagung des Arbeitskreises LPG -und Bodenrecht. (St R, 1958, H.7, S.745-753) 3

Ruskól,A.: Rechtsfragen des kollektivwirtschaftlichen Eigentums. (Sov.jus.,1958, H.5, S.12-17)

Tadsher,W.E.: Einige Fragen der neuen Gesetzgebungsakte über die LPG in der Volksrepublik Bulgarien. (St R,1958, H.7, S.689-705)

Zschage,E.: Die Dialektik der sozialistischen Umgestaltung der Landwirtschaft. (Dem.Aufb.,1958, H.17, S.390-393)

Zsigmond,M.: Die Rechtslage der Produktionsgenossenschaften in China. (J.K.,1958, H.6, S.225-230)

17.Familienrecht

Cheim,H.G.: Fragen der Unterhaltsansprüche republikflüchtiger Personen. (NJ, 1958, H.17, S.602-603)

Harrland,H.: Gleichberechtigung - Hauptgedanke im Entwurf des Familiengesetzbuches. (Jug.Heimerz.,1958, H.9, S.420-422)

Mevorach,N.(Mjeworach,N.): Die Ehescheidungsgründe in der Volksrepublick Bulgarien. (Sov.gos.pravo, 1958, H.8, S.55-62)

Nathan,H.: Das eheliche Güterrecht nach dem letzten Entwurf zum Familiengesetzbuch. (NJ,1958, H.15, S.529-534)

Die gesellschaftliche und rechtliche Stellung des nichtehelichen Kindes in der Deutschen Demokratischen Republik. (Jug.Heimerz.,1958, H.7, S.326-333)

18.Zivilprozeß(einschließlich Familienrechtliches Verfahren)

Gurvič,M.(Gurwitsch,M.): Sonderverfahren im Zivilprozeß.(Soc.zak.(SSSR), 1958, H.8, S.25-29)

Krzemiński, Z.: Die Gerichts- und Prozeßfähigkeit von Einheiten, die keine juristische Personen sind. (Palestra, 1958,H.7-8, S.63-72)

Piekarski,M.: Die Anführung der Revisionsgrundlagen und ihre Begründung im Zivilprozeß, sowie die Fehler der Praxis.(Palestra,1958, H.7-8, S.55-62)

Warman,Z.: Die Änderung der Zivilprozeßordnung-.(Palestra,1958,H.7-8, S.43-54)

Die Grundbegriffe des sowjetischen Zivilprozesses. (Sov.jus.,1958, H.6, S.63-65).

19.Arbeitsrecht und Arbeitsrechtliches Verfahren

Arbeitsplatzbeschaffung für Invaliden und anderweitige Fürsorge für Invaliden und Rentenempfänger in der Tschechoslowakischen Republik. (A.u.S.,1958, H.17, S.532-533)

Balcerek,J.;L.Gilejko: Aktuelle Probleme der Arbeiterselbstverwaltung in Polen. (Nowe Drogi, 1958, H.9, S.19-32) 7

Buchheim,G.; G.Krüger: Keine Anwendbarkeit des § 6 APfVO auf Titel westdeutscher Gerichte. (NJ, 1958, H.17, S.603-604) 18

Groschoff,K.: Die Entwicklung der Lohnarbeit in den privaten Landwirtschaftsbetrieben der DDR. (Wirtsch.Wiss.,1958,H.4,S.495-510) 16

Heuer,H.: Verkaufsstellenleiter sind leitende Funktionäre. (ArbR, 1958, H.8, S.239-241) 9

Hezel,H.: Das Versäumnisverfahren vor den Arbeitsgerichten der Deutschen Demokratischen Republik. (ArbR, 1958, H.9, S.275-277)

Die Lage der Jugend in der westdeutschen Landwirtschaft. (Ber.Dt.Wirtsch.Inst.,1958, H.14, S.9-14)

Keßner,A.: Durch Anwendung der Seifert-Methode zu weiteren Erfolgen in der Arbeitsnormung. (A.u.S.,1958, H.16, S.485-487)

Kirmse,G.: Wer sind bei einer Berufung die am Arbeitsrechtsverhältnis Beteiligten? (ArbR, 1958, H.9, S.267-270) 9

Änderung der Kündigungsverordnung und der Einzelvertragsverordnung. (T.1-3). (A.u-S.,1958,H.16, S.497-498; H.17, S.528-529; H.18,S.554-556)

Kunz,F.: Die Verantwortung der Betriebe für mitgebrachtes persönliches Eigentum der Belegschaftsangehörigen. (ArbR, 1958,H.8,S.234-239)

Kunz,Th.: Kann die Konfliktkommission Ratenzahlungen bewilligen? (T.1 u.2). (A.u.S.,1958, H.17,S.526-527; H.18, S.553-554)

Langner,L.; H.Jablonowski:Das Strafrechtsergänzungsgesetz und seine Auswirkung auf das Arbeitsrecht. (ArbR, 1958, H.8, S.228-232) 11

Zur materiellen Verantwortlichkeit der sozialistischen Betriebe bei Arbeitsunfällen. (ArbR, 1958, H.9, S.270-274)

Meier,K.: Die Sorge um den Menschen - ein unumstößlicher Grundsatz der sozialistischen Ordnung. (A.u.S.,1958, H.17, S.516-518)

Nikonov,M.I.;J.I.Čerenkov(M.I.Nikonow;J.I.Tschjerjenkow): Die Kündigung auf Forderung der Gewerkschaft. (Sov.gos.pravo, 1958,H.8, S.109-112)

Pätzold,E.: Der V.Parteitag und einige Lehren für das Arbeitsrecht. (ArbR, 1958,H.9, S.257-261)

Paul,H.: Der V.Parteitag und die Verbesserung unserer Arbeit.(ArbR, 1958, H.8, S.225-228)

Petzholdt, H.: Arbeitsmoral - das Herzstück der sozialistischen Moral. (Arb.,1958, H.9, S.20-23) 3

Pogundke,D.: Der Kampf um die Arbeitszeitverkürzung in Westdeutschland. (Wirtsch.Wiss.,1958, H.4, S.554-570)

Schneider,F.: Zur Neuregelung des Verfahrens in Arbeitsstreitigkeiten aus Einzelverträgen. (ArbR, 1958, H.8, S.232-234)

Seidel,S.: Produktionsberatungen und Arbeitsrecht. (ArbR, 1958,H.9, S.261-266) 7

Seifert,E.: Ständige Steigerung der Arbeitsproduktivität - Schlüssel zum Sieg des Sozialismus. (Dem.Aufb.,1958, H.17, S.394-396)

Steidle,L.: Gesundheits- und Arbeitsschutz - eine entscheidende gesellschaftliche Aufgabe. (Dem.Aufb.,1958, H.18, S.425-426)

Sugiri: Die großen Perspektiven der indonesischen Gewerkschaften. (WGBew.,1958, H.8/9, S.36-38)

Tauscher,H.: Das "sozialpolitische Programm" der Regierung Adenauer. (ArbR, 1958, H.9, S.278-279)

Besteht ein Rechtsanspruch auf sogenannten unbezahlten Urlaub? (ArbR, 1958, H.8, S.254-255)

Veith,P.: Die Aufrechnung im Arbeitsrecht. (ArbR, 1958, H.8, S.241-242)

Warnke,H.: Gegen jeden Revisionismus in der Gewerkschaftsarbeit. (Arb.,1958, H.9, S.5-13)

20.Internationales Privatrecht

Landa,J.: Das Privateigentum und das internationale Privatrecht.(zum Art.v.Prof.C.Kacarova in Journal du Droit International Nr.1/57.). (Čas.pro mez.pr.,1958,H.3, S.211-216)

21.Sonstiges

Engelstädter,H.;W.Mäder: Wie kann das Studium des Marxismus-Leninismus an unseren Hochschulen und Universitäten verbessert werden? (Einh.,1958,H.9, S.1295-1304)

Hager,K.: Die Intelligenz und der V.Parteitag.(Einh.,1958,H.8,S.1122-1137)

Leymann,E.: Zum neuen Lehrprogramm für die Ausbildung von Staatsfunktionären.(St R,1958, H.7, S.738-744)

Schnitzler,E.: Die Gründung der Universität Rostock.(WZ Rostock, 1957/58, H.1, S.149-165)

Schumann,W.: Die Universität Jena in Politik, Verwaltung, Lehre und Forschung von 1933 bis zum Ende des zweiten Weltkrieges (Mai 1945). (WZ Jena (GR), 1957/58, H.2/3, S.229-239)

Wippold,W.: Die Wissenschaft darf niemals Selbstzweck sein.(Zur Vorlesungsreihe über den Bonner Staat).(Dem.Aufb.,1958,H.17,S.402-404)

B. BIBLIOGRAPHIE AUS ZEITSCHRIFTEN DER DEUTSCHEN BUNDESREPUBLIK

Diese Bibliographie enthält eine Auswahl einschlägiger Artikel aus folgenden Zeitschriften: 1)

AG	= Der Arbeitgeber, Düsseldorf	1958,H.15-18
AöR	= Archiv des öffentlichen Rechts,Tübingen	1958,H.2-3
ArbuR	= Arbeit und Recht, Köln	1958,H.8-9
Arch.f.Krim	= Archiv für Kriminologie, Lübeck	1958,Bd 122,H.1-2
ARSP	= Archiv für Rechts- und Sozialphilosophie, Meisenheim/Gl.	1958,Bd 44,H.2
AUSS.POL.	= Außenpolitik, Stuttgart	1958,H.8
Aussw.D.BB	= Außenwirtschaftsdienst des Betriebsberaters, Heidelberg	1958,H.8-9
B	= Der Betrieb, Düsseldorf	1958,H.31-39
BB	= Der Betriebsberater, Heidelberg	1958,H.21-27
Betr.Verf.	= Die Betriebs-Verfassung, Frankfurt/M. .	1958,H.4-7
DNotZ	= Deutsche Notar-Zeitschrift, München, Berlin	1958,H.9
DÖV	= Die Öffentliche Verwaltung, Stuttgart .	1958,H.20-25
DRiZ	= Deutsche Richterzeitung, Köln,Berlin ..	1958,H.9
DVBl.	= Deutsches Verwaltungsblatt, Köln,Berlin	1958,H.16-18
EA	= Europa-Archiv, Frankfurt/M.	1958,H.14-18
FamRZ	= Ehe und Familie im privaten und öffentlichen Recht, Bielefeld	1958,H.8-9
GAStr.	= Goltdammer's Archiv für Strafrecht, Hamburg	1958,H.9
Gew.Mon.H.	= Gewerkschaftliche Monatshefte, Köln ...	1958,H.8-9
GRUR	= Gewerblicher Rechtsschutz und Urheberrecht, Weinheim	1958,H.7-9
GRUR Ausl.	= Gewerblicher Rechtsschutz und Urheberrecht (Auslands- und Internationaler Teil), Weinheim	1958,H.8-9
IKPR	= Internationale Kriminalpolizeiliche Revue Deutsche Ausgabe,Paris-Wiesbaden	1958,H.116-117
JR	= Juristische Rundschau, Berlin	1958,H.8-9
JZ	= Juristenzeitung, Tübingen	1958,H.16-18
Krim.	= Zeitschrift für die gesamte kriminalistische Wissenschaft und Praxis, Hamburg .	1958,H.9
Mbl.freiheitl.Wipol.	= Monatsblätter für freiheitliche Wirtschaftspolitik,Frankfurt/M.	1958,H.9
MDR	= Monatsschrift für Deutsches Recht, Hamburg	1958,H.9-10
N.Gesellschaft	= Die Neue Gesellschaft, Bielefeld ...	1958,H.5

NJW = Neue Juristische Wochenschrift, München . 1958,H.35-40

Polit.Studien = Politische Studien, Monatshefte der Hochschule für Politische Wissenschaften, München 1958,H.100-101

RabelsZ = Zeitschrift für ausländisches und internationales Privatrecht, Berlin 1958,H.2-4

RdA = Recht der Arbeit, München, Berlin 1958,H.9

RdJ = Recht der Jugend, Berlin 1958,H.16-19

RdL = Recht der Landwirtschaft, Hamburg 1958,H.8-9

SchlHA = Schleswig-Holsteinische Anzeigen, Kiel . 1958,H.8-9

SCHM.JB. = Schmollers Jahrbuch für Gesetzgebung, Verwaltung und Volkswirtschaft, Berlin . 1958,H.4

SKV = Staats- und Kommunalverwaltung, Berlin . 1958,H.8-9

Soz.Sicherh.= Soziale Sicherheit, Zeitschrift für Sozialpolitik, Köln 1958,H.8-9

TW = Die Teilzahlungswirtschaft, Dortmund ... 1958,H.5

UFITA = Archiv für Urheber,- Film-, Funk- und Theaterrecht, Baden-Baden 1958,Bd 26,H.1-2

WRP = Wettbewerb in Recht und Praxis, Frankfurt/M. 1958,H.8-9

WuW = Wirtschaft und Wettbewerb, Düsseldorf .. 1958,H.7-9

Z.ausl.öff.R.u.VR.= Zeitschrift für ausländisches öffentliches Recht und Völkerrecht, Köln . 1958,Bd 19,H.1-3

Zbl.JugR = Zentralblatt für Jugendrecht und Jugendwohlfahrt, Köln,Berlin 1958,H.8

ZMR = Zeitschrift für Miet- und Raumrecht, Düsseldorf 1958,H.9-10

Z.POLIT. = Zeitschrift für Politik, Berlin 1958,H.1

ZSR = Zeitschrift für Sozialreform ,Wiesbaden. 1958,H.7-8

ZSt = Zeitschrift für die gesamte Staatswissenschaft, Tübingen 1958,Bd 114,H.3

ZV u.ZV = Zeitungs-Verlag und Zeitschriften-Verlag Wiesbaden 1958,H.16-18

ZZP = Zeitschrift für Zivilprozess, Berlin ... 1958,Bd 71,H.3-4

1) Die hier aufgeführten Hefte sind gemäß der Benutzungsordnung der Bibliothek des Deutschen Instituts für Rechtswissenschaft bedingt ausleihfähig.

1.Soziologie,allgemeine Staatslehre, Rechtsphilosophie [1)]

Albert,H.: Soziologie und empirische Sozialforschung.(Bemerkungen zu Hans-Joachim Liebers Kritik der empirischen Sozialforschung.) (ARSP, 1958, Bd 44,H.2, S.253-257)

Diez-Alegria, J.: Erich Fechners Rechtsphilosophie. (Rez.über E.Fechner, Rechtsphilosophie. Tübingen 1956, 303 S.)(ARSP, 1958,Bd 44, H.2, S.223-232)

Fijalkowski,J.: Die Sozialdemokratie und die Bedingungen ihrer öffentlichen Wirkung. (N.Gesellschaft, 1958,H.5, S.339-346) 4

Gablentz, O.H.von der: Autorität und Legitimität im heutigen Staat. (Z.Polit..1958, H.1, S.5-27)

Jacoby, H.: Über den Niedergang der protestantischen Ethik in Amerika (ZSt, 1958, Bd 114, H.3, S.547-551)

Kühler,H.: Gewaltenteilung und Richtergesetz. (DRiZ, 1958,H.9,S.241-244) 2

Das neue Wirtschaftsprogramm der Labourpartei. (AG, 1958, H.15/16, S.443-444)

Maihofer,W.: Die Natur der Sache. (ARSP, 1958,Bd 44,H.2, S.145-174)

Nellen,P.: Atombombe und Moraltheologen. (Gew.Mon.H.,1958, H.9, S.531-536)

Nell-Breuning, O.von: Ist Eigentum eine Ordnungsmacht? (Gew.Mon.H., 1958, H.8, S.452-473)

Paeslack,A.: Die Flucht in den Wohlstand.(Betr.Bonner Wirtschaftswunder).(Gew.Mon.H.,1958, H.9, S.527-531)

Pawlowski: Problematik der Interessenjurisprudenz. (NJW,1958, H.40, S.1561-1565)

Proebst,H.: Armeen und die Versuchung der Macht. (Polit.Studien, 1958, H.100, S.569-572)

Reding,M.: Katholischer Glaube und freiheitlicher Sozialismus. (N.Gesellschaft, 1958,H.5, S.381-390)

Rosen,E.R.: Der italienische Sozialismus der Nachkriegszeit.(Z.Polit., 1958, H.1,S.52-62)

Schleicher,H.: Der VII.Kongreß des Bundes der Kommunisten Jugoslawiens und seine Nachwirkungen.(EA,1958, H.15-17,S.10979-10994)

Schmid,C.: Der politische Auftrag des Gebildeten in der Demokratie. (Polit.Studien, 1958, H.100, S.521-528)

1) Die nach der Fundstelle eines Artikels angegebenen Zahlen verweisen auf die Bedeutung dieses Artikels auch für andere Fachgebiete entsprechend der hier zugrunde gelegten Systematik.

Schütz,K.: Die Meinungs- und Willensbildung in der Sozialdemokratie. (N.Gesellschaft,1958, H.5, S.361-370)

Schumann,H.G.: Zum Problem des Konservatismus in den Vereinigten Staaten. (Z.Polit.,1958, H.1, S.63-68)

Senger,F.von; Etterlin: Politische Macht und Verantwortung des Militärs in der Demokratie. (Polit.Studien, 1958,H.100, S.563-568)

Spiegelhalter,F.: Der Lohn als Faktor der Preisbewegung.(T.2). (AG, 1958, H.17, S.506-511) 6

Stammer,O.: Die Freiheit des Menschen in der industriellen Gesellschaft. (N.Gesellschaft, 1958, H.5, S.371-380)

Topitsch, E.: Sachgehalte und Normsetzungen. (ARSP, 1958,Bd 44,H.2, S.189-205)

Ven,J.J.M.van der: Zur Aufgabe der Rechtssoziologie.(Eine Auseinandersetzung mit Hugo Sinzheimer.) (ARSP, 1958, Bd 44,H.2, S.241-251)

Vöchting,F.: Die italienische Südfrage.(T.2).(ZSt,1958, Bd 114,H.3, S.491-526)

Ziegenfuß,W.: Soziale Vorurteile. Zur Begegnung von Sozialpsychologie und Soziologie. (SCHM.JB.,1958,H.4, S.1-29)

2.Staats-und Rechtsgeschichte

Broszat,M.: Die Eiserne Garde und das Dritte Reich. (Betr. Faschismus in Rumänien).(Polit.Studien, 1958, H.101, S.628-636)

Hoegner,W.: Weimar aus der Sicht des Politikers. (Polit.Studien,1958, H.100, S.550-562)

Puttkamer,E.von: Einflüsse schwedischen Rechts auf die Reformen Peters des Großen. (Z.ausl.öff.R.u.VR.,1958, Bd 19,H.1-3,S.369-384)

3.Völkerrecht und Außenpolitik

Andrassy,J.: Betrachtungen über die Zuständigkeit des Internationalen Gerichtshofes. (Z.ausl.öff.R.u.VR.,1958, Bd 19,H.1-3,S.1-23) 9

Atomenergie-Abkommen zwischen USA und Euratom. (B, 1958, H.34,S.948-949) 12

Ballreich,H.: Die Europäische Atomgemeinschaft (EURATOM). (Z.ausl.öff.R.u.VR.,1958, Bd 19,H.1-3, S.24-53)

Behrendt,R.: Das Ringen um eine weltweite Ordnung.(Betr.Koexistenz). (Gew.Mon.H., 1958,H.9, S.513-527)

Beringe,von: Rechtsfragen bei Handelsgeschäften mit der Sowjetunion. (B, 1958, H.31,S.859-863) 12

Bloch-Morhange,J.: Frankreichs Aufgaben und Möglichkeiten in der Übergangszeit von der Strategie des Kalten Krieges zur Raketenstrategie. (EA, 1958,H.14, S.10915-10920) 4

Daig,H.W.: Die Gerichtsbarkeit in der Europäischen Wirtschaftsgemeinschaft und der Europäischen Atomgemeinschaft mit vergleichenden Hinweisen auf die Europäische Gemeinschaft für Kohle und Stahl. (AöR, 1958, Bd 83,H.2/3,S.132-208) 9

Freund,L.: Zur Problematik der amerikanischen Außenpolitik. (Z.Polit., 1958,H.1, S.28-37)

Guggenheim, P.: Die vorgängigen prozessualen Einreden im Verfahren vor dem Internationalen Gerichtshof. (Z.ausl.öff.R.u.VR.,1958, Bd 19, H.1-3) S.131-140) 9

Hohenveldern-Seidl,I.: Zum Problem der internationalen Verwaltung. (ZSt, 1958, Bd 114,H.3,S.552-556) 5

Jaenicke,G.: Der übernationale Charakter der Europäischen Wirtschaftsgemeinschaft. (Z.ausl.öff.R.u.VR.,1958, Bd 19,H.1-3)S.153-196)

Kaufmann,E.: Die völkerrechtlichen Vorkriegsverträge. (Z.ausl.öff.R.u.VR.,1958, Bd 19, H.1/3, S.225-233) 4

Kelsen,H.: Die Einheit von Völkerrecht und staatlichem Recht. (Z.ausl.öff.R.u.VR.,1958, Bd 19, H.1/3, S.234-248) 4

Mosler,H.: Die Aufnahme in internationale Organisationen. (Z.ausl.öff.R.u.VR.,1958, Bd 19, H.1/3, S.275-317)

Sänger,E.: Weltpolitische Aspekte der Raumfahrt.(AUSS.POL.,1958,H.8, S.502-505)

Scheuner,U.: Eine internationale Sicherungsmacht im Dienste der Vereinten Nationen. (Z.ausl.öff.R.u.VR.,1958, Bd 19,H.1/3,S.389-415)

Schlochauer,H.J.: Bemerkungen zur Revision der Charter of the United Nations. (Z.ausl.öff.R.u.VR., 1958,Bd 19, H.1/3, S.416-448)

Schüle,A.: Marktinterventionen der Hohen Behörde und finanzielle Einrichtung. (Z.ausl.öff.R.u.VR.,1958, Bd 19,H.1/3,S.464-482) 12,6

Strebel,H.: Das Österreichergesetz vom Blickpunkt des Völkerrechts. (Z.ausl.öff.R.u.VR., 1958, Bd 19,H.1/3, S.483-508)

Verdross,A.: Die österreichische Neutralität.(Z.ausl.öff.R.u.VR., 1958, Bd 19, H.1/3, S.512-530) 4

Wehberg,H.: Die Vergleichskommissionen im modernen Völkerrecht. (Z.ausl-öff.R.u.VR., 1958, Bd 19, H.1/3, S.551-593)

4.Staatsrecht

Arndt,C.: Das Prüfungsrecht des Bundespräsidenten.(DÖV, 1958,H.23/24, S.604-607)

Braun,D.: Ostpakistan, (AUSS.POL.,1958, H.8, S.531-536)

Bullinger,M.: Der Anwendungsbereich der Bundesaufsicht. Zum Konkordatsurteil des Bundesverfassungsgericht.(AöR,1958,Bd 83,H.2/3, S.279-308)

Diederich, N.: Sozialistische Organisationen neben der SPD. (N.Gesellschaft,1958, H.5,S.347-351)

Diekhoff,L.: Zur parteipolitischen Betätigung im Betrieb.(ArbuR, 1958, H.8, S.238-240) 16

Fischer,A.F.: EDA - das griechische Wespennest.(Polit.Studien,, 1958, H.101, S.637-640)

Furth,P.: Zur Problematik der sozialistischen Symbole.(N.Gesellschaft, 1958, H.5, S.352-360)

Giese,F.: Der Film im Staats- und Verwaltungsrecht. (UFITA, 1958, Bd 26, H.1/2,S.35-40) 5

Grebing,H.: Der Liberalismus in Deutschland 1848-1958.(Polit.Studien., 1958, H.101, S.644-653) 1

Groebe,K.: Bayern bereinigt sein Landesrecht. (DVBl.,1958,H.16,S.567-568)

Heim,R.: Zum Problem der Beteiligung des Bundes an Verwaltungskosten. (DÖV, 1958,H.22, S.566-570) 6

Henke,W.: Die Parteien im Staat des Bonner Grundgesetzes. (DÖV,1958, H.25, S.646-651)

Hirsch-Weber,W.: Die SPD im Weimarer Parteiensystem und in der Bundesrepublik. (N.Gesellschaft, 1958, H.5, S.333-338)

Jung,H.: Zur Problematik des Landbeschaffungsgesetzes.(NJW,1958, H.39, S.1520-1524)

Katzenstein,D.: Rechtliche Erscheinungsformen der Machtverschiebung zwischen Bund und Ländern seit 1949.(DÖV,1958, H.23/24,S.593-604)

Klönne,A.: Jugendarbeit "rechtsaußen".(Betr.Faschist.Jugendverbände in Westdeutschland).(Polit.Studien,1958, H.101, S.617-625)

Körnig, R.: Verfassungsrechtsprechung und Parteipolitik.(Gew.Mon.H., 1958, H.9, S.536-544)

Köttgen,A.: Parteibegriff und Gemeindewahlrecht. (DVBl.,1958, H.17, S.593-597) 5

Lesser,F.: Rechtsprechung des Hessischen Staatsgerichtshofes. (JZ, 1958, H.18, S.565-568)

Löw,K.: Ist die Würde des Menschen im Grundgesetz eine Anspruchsgrundlage? (DÖV, 1958, H.20/21, S.516-520)

Menzel,E.: Die staats- und völkerrechtlichen Probleme der Wiedervereinigung Deutschlands.(EA, 1958, H.18, S.11051-11062) 3

Merk,W.: Neue Sitzordnung der Bundesregierung im Bundestag? (DVBl.,1958, H.17, S.602-603)

Merkatz,H.J.von: Die Parteien in ihrer heutigen verfassungspolitischen Bedeutung. (Z.ausl.öff.R.u.VR.,1958, Bd 19,H.1-3,S.249-268)

Münch,F.: Zur Staatsangehörigkeit im Saarland.(Z.ausl.öff.R.u.VR., 1958, Bd 19, H.1-3, S.318-336)

Oswald: Vor- oder nachkonstitutionelles Recht? (DVBl.,1958,H.16, S.563-565)

Quidde,T.: Grundrechtsschutz vor Zwangsmitgliedschaften.(DÖV,1958, H.20/21, S.521-525)

Roesch,H.E.: Die öffentliche Rechenschaftspflicht der politischen Parteien über die Herkunft ihrer Mittel. (DVBl.,1958, H.17,S.597-602)

Rüthers, B.: Das Verbot parteipolitischer Betätigung im Betrieb. (BB, 1958,H.21, S.778-779) 16

Rumpf,H.: Vom Hintergrund des Grundgesetzes. (JZ, 1958,H.16, S.515-517)

Sarkisyanz, E.: Die Rolle der Nomadenstämme in der Politik Persiens. (AUSS.POL.,1958, H.8, S.519-525)

Scheuner, U.: Die Parteien und die Auswahl der politischen Leitung im demokratischen Staat. (DÖV,1958, H.25, S.641-645)

Seifert,K.H.: Briefwahl und Grundgesetz. (DÖV, 1958, H.20/21, S.513-516)

Veiter,Th.: Die Behandlung des deutschen Vermögens in Österreich. (NJW, 1958, H.38, S.1465-1469) 1,3

Wacke,G.: Die Erstattung von Gutachten durch den Bundesfinanzhof mit einer vergleichenden Betrachtung der Gutachtertätigkeit der anderen Gerichte. (AöR, 1958, Bd 83,H.2/3, S.309-355) 9

5.Verwaltungsrecht und Verwaltungsgerichtsverfahren

Bachof,O.: Teilrechtsfähige Verbände des öffentlichen Rechts. Die Rechtsnatur der Technischen Ausschüsse des § 24 der Gewerbeordnung. (AöR, 1958, Bd 83, H.2/3,S.208-279)

Bauer,H.: Auf dem Wege zu einem humanen Realismus. (Betr.Berufsschule).(Gew.Mon.H.,1958, H.8, S.482-485)

Bohne: Der Stand der Jugendhilfe und der Jugendverbände in Lübeck und Vorschläge zur Verbesserung der Jugendhilfe gemäß § 1 RJWG. (T.2).(Zbl.JugR. 1958, H.8, S.196-202)

Burkhardt,H.: Das Erfüllungsverfahren des Bundesrückerstattungsgesetzes. (JZ, 1958, H.18, S.563-565) 6

Dietz,R.: Personalvertretungsgesetz von Nordrhein-Westfalen. (RdA, 1958, H.9, S.341-342) 16

Hahn, J.: Die Organisation der Straßenverwaltung in Frankreich. (DÖV, 1958,H.20/21, S.529-531)

Hahnenfeld,G.: Die Fahndung nach "untergetauchten" Wehrpflichtigen. (NJW, 1958, H.40, S.1572-1573) 7

Herold,G.: Kinder im Straßenverkehr. (RdJ, 1958, H.16,S.251-253)

Huhs,H.: Öffentliche Bekanntmachungen nach der Gemeindeordnung für das Land Nordrhein-Westfalen.(T.2).(SKV, 1958,H.8,S.176-179)

Jähnig,W.: Verwaltungsvereinfachung durch Mechanisierung.(DÖV,1958, H.23/24, S.607-611)

Karl,F.: Einzelfragen zum Allgemeinen Kriegsfolgengesetz.(BB,1958, H.21, S.745-748)

Koldewey,R.: Neues Besoldungsrecht in Niedersachsen.(SKV, 1958,H.9, S.194-196)

Lipschitz: Das nordrhein-westfäliche Verwaltungsvollstreckungsgesetz. (DRiZ, 1958, H.9,S.253-254)

Loepelmann,H.U.: Der Rechtsweg im Verwaltungssteuerstrafverfahren. (JR, 1958, H.9, S.330-332)

Manes,G.: Die italienischen Karabinieri.(IKPR, 1958, H.117,S.107-110)

Meyer-Hentschel,G.: Der Begriff des Handwerks in der Rechtsprechung. (NJW, 1958, H.35, S.1321-1325)

Paul,H.: Die unselbständige Genehmigung privater Rechtsgeschäfte im Gemeindeverfassungsrecht. (SKV, 1958, H.9, S.196-198) 10

Pelle: Zahlen und Glossen zur öffentlichen Jugendhilfe in Nordrhein-Westfalen im Rechnungsjahr 1956. (Zbl.JugR, 1958,H.8,S.204-208)

Pentz, A.: Zur Frage des Übergangs von Schadenersatzansprüchen auf den Dienstherrn nach § 87a BGB. (DVBl.,1958, H.16, S.560-562) 10

Reich: Begutachtung des inneren Dienstes bei Zentralbehörden. (DVBl.,1958, H.16, S.568-570)

Reuß,H.: Das Verwaltungsverfahren - psychologisch betrachtet.(DÖV, 1958, H.25, S.656-659)

Richter,E.G.: Neue Rechtsformen für das Leistungsverwaltungsrecht. (NJW, 1958, H.39, S.1518-1520)

Röhder,A.: Die Haftung der Gemeinden aus unzureichender Straßenbeleuchtung. (SKV, 1958, H.9, S.203-205) 10

Rooschütz: Das Personalvertretungsgesetz für Baden-Württemberg. (DÖV, 1958, H.23/24, S.616-619) 16

Ruckriegel,W.: Beweislast und Beweislastverteilung im Verwaltungsprozeß. (DÖV, 1958, H.20/21, S.531-536)

Schilling, R.: Literarischer Jugendschutz und Kunstfreiheit.(T.1u.2). (RdJ, 1958,H.16, S.247-251; H.17, S.263-266) 4

Schneider,H.: Die Ablehnung eines Einbürgerungsantrages vor den Verwaltungsgerichten. (Z.ausl.öff.R.u.VR.,1958, H.1-3, Bd 19,S.449-463) 4

Schoen,X.: Die Neuordnung der Verwaltungsgerichtsbarkeit in Baden-Württemberg.(DÖV,1958, H.22,S.561-565) 9

Neue Schulgesetze in Nordrhein-Westfalen. (SKV,1958, H.8,S.172-176)

Sellschopp: Das schleswig-holsteinische Denkmalschutzgesetz. (DVBl.,1958, H.18,S.640-645)

Spanner,H.: Grundsätzliches zum Verwaltungsverfahren.(DÖV,1958,H.25, S.651-656)

Strunz,L.: Die Beseitigung formell oder materiell rechtswidriger Bauten. (SKV, 1958, H.8,S.179-182)

Strunz, L.: Planungsgrundlagen der kommunalen Bauverwaltung.(SKV, 1958, H.9, S.198-201)

Zinser: Einführung des dritten Präsidenten des Bundesverwaltungsgerichts. (DÖV, 1958,H.23/24, S.612-616)

Zschacke: Die Zurückverweisung der Sache vom Verwaltungsgericht an die Verwaltungsbehörde. (NJW, 1958,H.37, S.1420-1424) 9

6.Finanz-,Steuer-u.Preisrecht (einschließlich Finanzgerichtsverfahren)

Alsen, V.: Die Rechtsprechung des Bundesfinanzhofes zur Grunderwerbsteuer in den letzten Jahren. (BB,1958, H.21, S.767-770)

Braun,A.: Betrachtungen zum neuen Körperschaftsteuertarif.(B,1958, H.32, S.876-878)

Brengel,F.W.: Schachtelbeteiligungen bundesdeutscher Unternehmen im Saarland. (Betr.Körperschaftsteuer). (BB, 1958,H.24, S.871-873)

Brönner,H.: Einbringung von Beteiligungen vor steuerbegünstigter Umwandlung. (B, 1958,H.37, S.1022-1024)

Buschhoff,W.: Fragen zur Durchschnittsbesteuerung nach der VOL. (RdL, 1958, H.8, S.202-205) 13

Friedrich,W.: Aktivierung in der Steuerbilanz bei handelsrechtlichem Aktivierungsverbot? (BB,1958, H.26, S.921-924)

Früchtnicht,H.: Fallen auswärtige Betriebsstätten der Zeitungs- und Zeitschriftenverlage zu Recht unter die Zweigstellensteuer? (ZV u.ZV, 1958, H.16, S.621-623)

Glade,A.: Die "Unternehmerlohn-Formel" als Mittel zur Bestimmung von Geschäftsführervergütungen. (B, 1958,H.36, S.989-991)

Görbing: Die lohnsteuerlichen Vorschriften des Steuerreformgesetzes 1958 und ihre praktische Anwendung. (BB, 1958, H.22, S.781-785)

Haas,G.;G.Martin: Änderungen beim Sonderausgabenabzug durch das Steuerreformgesetz 1958. (BB,1958, H.22, S.802-805)

Heißmann,E.: Zum Wegfall der Lohnsteuerpflicht für Pauschalzuweisungen an Unterstützungskassen. (BB,1958, H.21, S.765-766) 16,17

Heßler,W.: Änderung und Ergänzung der Lohnsteuer-Richtlinien. (B, 1958, H.34, S.936-939)

Heyden,H.: Die Berufsaufsicht über Steuerberater und Helfer in Steuersachen. (B, 1958,H.31, S.849-852)

Janberg,H.: Einkommensteuerfragen bei Belegschaftsaktien.(B,1958, H.39, S.1080-1082)

Die politisch-sozialen Hintergründe der finnischen Inflation.(AG, 1958, H.15/16, S.476-478)

Käss, F.: Die Fünfte Verordnung zur Durchführung des Altsparergesetzes (5.ASpG-DV). (BB, 1958, H.25, S.899-900)

Kessler, F.: Der zweite Cohen-Bericht: Ehrliches Geld durch stabile Preise.(Großbritannien).(AG, 1958, H.17, S.511-515) 16

Klinger, K.: Stille Reserven und Erfolgsermittlung. (B, 1958, H.37, S.1017-1019)

Koeller: Zur Frage der Berufsaufsicht über Steuerberater und Helfer in Steuersachen. (B, 1958, H.37, S.1021-1022)

Lademann, F.: Die neuen Tarifvorschriften für "familien-und personengebundene" Kapitalgesellschaften. (BB, 1958, H.24, S.849-851)

Lind-Gapp, O.: Die Reichsabgabenordnung in Österreich.(DÖV, 1958, H.22, S.573-574)

List, H.: Der Zollwert bei Lieferungsgeschäften auf spätere Abladung. (Aussw.D.BB, 1958, H.9, S.179-181)

Lohnsteuerliche Regelung nach dem Steueränderungsgesetz 1958. (B, 1958, H.33, S.906-908)

Merk, G.: Zur Frage der Zinselastizität der Investitionen.(ZSt, 1958, Bd 114, H.3, S.454-467)

Mesenberg, H.: Zur Harmonisierung der Steuern im Rahmen der Europäischen Wirtschaftsgemeinschaft. (BB, 1958, H.27, S.980-982) 3

Meyer-Arndt, L.: Resynchronisierung von abweichenden Wirtschaftsjahren im Körperschaftssteuer-und Gewerbesteuerrecht.(B, 1958, H.36, S.992-994)

Pernutz: Die formelle und materielle Berechtigung auf die Hausratsentschädigung bei Ehegatten.(NJW, 1958, H.36, S.1377-1381)

Räthlein, H.J.; H.Schatz: Die steuerrechtliche Haftung bei der Abwicklung von Importgeschäften. (Aussw.D.BB, 1958, H.8, S.163-164) 3

Römer, E.: Zugehörigkeit von Grundstücken zum Betriebsvermögen einer Personengesellschaft. (B, 1958, H.39, S.1082-1084)

Römer, E.: Wann gehören Verbindlichkeiten zum (negativen) Betriebsvermögen im Sinne des Einkommensteuergesetzes? (BB, 1958, H.24, S.873-874)

Schlotterbeck, R.: Die zollwertrechtliche Behandlung der Lizenzgebühren in der Bundesrepublik. (Aussw.D.BB, 1958, H.8, S.159-162)

Schlotterbeck, R.: Der Normalpreis von Warenlieferungen ausländischer Muttergesellschaften an inländische Tochtergesellschaften.(BB, 1958, H.23, S.838-840) 12

Schuegraf, E.: § 31 BVerfGG und rückwirkende Steuergesetze. (NJW, 1958, H.36, S.1383-1384) 4

Theis, J.: Verwertung von Bodenschätzen landwirtschaftlicher Grundstücke. (B, 1958, H.33, S.909-910) 13

Troll: Die Zugewinngemeinschaft bei der Erbschaftssteuer.(DNotZ, 1958, H.9, S.476-480)

Zeidler,G.: Pensionsrückstellungen in der Ertragssteuerbilanz. (BB, 1958, H.26, S, 943-947)

7.Strafrecht,Strafprozeß

Bamberger,H.: Zum Problem der "Unterhaltssünder". -(Ein Vergleich zwischen der deutschen und österreichischen Entwicklung.)(RdJ,1958, H.17, S.257-261)

Benoit,J.: Gewerbsmäßige Unzucht und Kuppelei in der Schweiz.(T.1). (IKPR, 1958, H.117, S.98-106)

Blau,G.: Die Bedeutung der "Tat" im Jugendstrafrecht.(MDR, 1958, H.10, S.731-734)

Böning,W.: Die Unterbringung von psychisch Kranken und Süchtigen in Schleswig-Holstein. (SchlHA, 1958, H.9, S.253-256)

Both,W.: Wiederaufnahmeverfahren nach rechtskräftiger Strafverfügung? (JZ, 1958, H.17, S.530-532)

Busse,A.: § 401 Reichsabgabenordnung ist mit dem Rechtsstaatsprinzip unvereinbar. (Betr.Einziehung). (NJW, 1958,H.37, S.1417-1420) 4,6

Dallinger,W.: Aus der Rechtsprechung des Bundesgerichtshofes in Strafsachen. (MDR, 1958,H.10, S.738-742)

Ferrante,F.: Psychotechnische Untersuchung und Personal im Strafvollzug. (IKPR, 1958, H.116,S.66-71)

Händel,K.: Noch einmal: Rechtsfragen des "Trampens". (RdJ,1958,H.18, S.279-281) 10

Hannemann,F.: Die Strafvollzugsgemeinschaft mit Hamburg.(SchlHA, 1958, H.9, S.252-253)

Heller: Über die Grenzen des negatorischen Ehrenschutzes.(NJW,1958, H.39 S.1524-1526) 15

Herren, R.: Das Verbrechen auf den Straßen der deutschsprachigen Länder.(T.1 u.2).(IKPR, 1958, H.116,S.72-77; H.117, S.111-116)

Kirchhof: Das Züchtigungsrecht des Lehrers. (DRiZ, 1958, H.9,S.250-252)

Knögel,W.: Strafrichter und Strafrichtertum. (NJW,1958,H.40,S.1568-1571)

Knögel,W.: Grundsätzliches zum praktischen Jugendstrafrecht.(RdJ, 1958, H.19, S.296-300)

Kohlhaas,M.: Zur Beschlagnahme von Arztkarteien nach Entbindung von der Schweigepflicht. (JR, 1958,H.9, S.328-330)

Lohmeyer,H.: Zur Frage der Unzumutbarkeit im Steuerstrafrecht.(NJW, 1958, H.37, S.1431-1432) 6

Middendorff,W.: Strafrecht oder Soziale Verteidigung? (Bemerkungen zum V.Internationalen Kongreß für Soziale Verteidigung vom 25.-30.8. 1958 in Stockholm.) (RdJ, 1958,H.16, S.241-245)

Potrykus,G.: Der Entwurf des Allgemeinen Teils eines Strafgesetzbuches und das Jugendstrafrecht. (RdJ, 1958, H.16, S.245-247)

Rhode,W.: Der Stand der Bewährungshilfe in Schleswig-Holstein. (SchlHA, 1958, H.9, S.250-252)

Röwer,H.H.: Die Zumutbarkeit als spezielles täterschaftliches Merkmal beim Handeln durch Unterlassung. (NJW, 1958,H.39, S.1528-1529)

Schlosser,P.: Zur verfassungsrechtlichen Problematik der Irrtumsregelung im § 22 des Wehrstrafgesetzes. (JZ, 1958, H.17, S.526-530) 4

Schmid,R.: Zur Strafrechtsreform. (Gew.Mon.H.,1958, H.8, S.485-488)

Schmid,R.: Ein neues Kommunisten-Urteil des Supreme Court.(JZ,1958, H.16, S.501-504)

Schmidt,H.W.: Notwendige Verteidigung gemäß § 140 Abs.2, StPO. (MDR, 1958, H.9, S.644-647)

Schnitzerling, M.: Fürsorgeerziehung und Strafverfahren.(RdJ,1958, H.19, S.295-296) 5

Schulz,G.: Bekanntgabe von V-Leuten an die Staatsanwaltschaft. (GAStr.,1958, H.9,S.264-274) 9

Schwarz: Zur Strafrechtsreform. (NJW, 1958,H.40, S.1571-1572)

Thier,F.: "Aussetzung" der Urteilsverkündung im Strafprozeß (§§ 229, 268 StPO).(NJW,1958, H.38, S.1477-1478)

Wallindras, D.: Verbrechen im Affekt. (Arch.f.Krim.,1958, Bd 122, H.1/2, S.3-10)

Weber,von: Die Bestrafung der Volltrunkenheit. (GAStr.,1958,H.9, S.257-264)

Welzel,H.: Zur Problematik der Unterlassungsdelikte. (JZ,1958,H.16, S.494-497)

Wildt,E.: Strafverfahrenskosten des Geschädigten nach der Rechtsprechung des Bundesgerichtshofs. (JZ, 1958,H.17,S.534-535)

8.Kriminalistik,Gerichtliche Medizin, Gerichtspsychiatrie,-psychologie

Angst,E.: Absichtlich und zufällig verursachte Vernarbungen von Papillarlinien. (Krim.,1958, H.9, S.367-379)

Breuer,C.: Kriminalpolizeiliche Maßnahmen zur Verhütung von Diebstahl, Einbruch und Raub. (Krim.,1958, H.9, S.345-348)

Döring,G.K.: Über die Bewertung der Nebenumstände in Tragzeitgutachten. (Zbl.JugR,1958, H.8, S.189-195) 15

Klebelsberg, D.von: Die Psychologie im Dienste der Verkehrssicherheit. (Krim.,1958, H.9, S.353-355)

Oehlinger, S.: Statische Elektrizität als Brandursache.(Krim.,1958, H.9, S.355-357)

Ein wenig bekanntes Rauschgift: Kat. (IKPR,1958, H.116,S.85-89)

Sachstetter,T.: Pyrotechnische Gegenstände als Brandursache.(Krim., 1958, H.9, S.363-365)

Schaidt, G.: Auswertung von Blutspuren in Flüssigkeiten und Schmutz. Verfahren zur Blutgruppenbestimmung aus Urin und Kot.(Arch.f.Krim., 1958,Bd 122, H.1/2, S.66-68)

Schönbächler,R.;M.Frei: Erfahrungen mit Diebesfallen bei der Entwendung von Treibstoffen. (Krim.,1958, H.9, S.365-367)

Specht,W.;K.Fischer: Ist der analytische Nachweis von Kerzenbrandstiftungen gesichert? Neuer Beitrag zur Bewertung von Brandmittelrückständen. (Arch.f.Krim., Bd 122,H.1/2, S.18-32)

Specht,W.;S.Berg: Eine neue Technik als naturwissenschaftlicher Beitrag zur Altersbestimmung von Knochenfunden. (Arch.f.Krim.,1958, Bd 122, H.1/2, S.43-65)

Thiele,R.: Untersuchung von Kraftwagenlampen nach einem Verkehrsunfall. (IKPR, 1958, H.116, S.78-84)

Weinig,E.;L.Lautenbach: Die Gaschromatographie als neue Methode in der forensischen Toxikologie und Kriminalistik. (Arch.f.Krim.,1958, Bd 122, H.1/2, S.11-17)

9.Gerichtsverfassung(einschließlich Justizverwaltung, Staatsanwaltschaft,Notariat und Anwaltschaft)

Corinth,B.: Die Organisation der Gerichte in der Volksrepublik China. (AUSS.POL., 1958, H.8,S.526-531)

Greiff: Die Rechtsprechung des "Ehrengerichtshofs für Rechtsanwälte in Hessen." (NJW, 1958, H.40, S.1565-1568)

Hirschmann,K.: Zwei Jahre Rechtspflegeministerium in Schleswig-Holstein. (SchlHA, 1958, H.9, S.241-244)

Kohlhaas: Reformbedürftigkeit des § 338 Ziff. 1 StPO. (NJW,1958, H.37, S.1428-1430) 7

Lademann,K.: Zur Frage des Verfahrens bei möglicher Befangenheit mehrer oder aller Richter eines Senats des Bundesverfassungsgerichts. (SchlHA, 1958, H.8, S.226-228)

Lange,F.: Lage und Problem der Anwaltschaft.(SchlHA, 1958,H.9,S.244-245)

Gedanken zum Entwurf eines Deutschen Richtergesetzes. (Betr.Verf., 1958, H.5, S.81-83)

Zum Richtergesetz. (DRiZ, 1958, H.9, S.237-240)

Schmidt,E.: Entspricht die Zuständigkeitsordnung in Strafsachen dem Satz vom "gesetzlichen Richter"? (MDR, 1958, H.10, S.721-726) 7

Wagner,A.: Der Entwurf 1958 des Deutschen Richtergesetzes.(JR,1958, H.8, S.281-287)

10.Zivilrecht

Beeser,J.: Die Bürgschaft mehrerer. (BB, 1958,H.27,S.970-973)

Böhmer,E.: Zum Entlastungsbeweis nach § 831 Abs.1 Satz 2 BGB.(MDR, 1958, H.10, S.745-746)

Bormann,H.: "Die Kodifikation des Mietpreisrechts".(ZMR,1958,H.10, S.277-285)

Coing,H.: Zur Entwicklung des zivilrechtlichen Persönlichkeitsschutzes. (JZ, 1958, H.18, S.558-560)

Donau,H.: Verjährungsunterbrechung bei Vor- und Nacherbschaft. (MDR, 1958, H.10, S.735-736)

Ehrenforth,W.: Die Altbaumietenverordnung. (BB, 1958,H.26, S.935-936)

Verlängerter Eigentumsvorbehalt und Teilzahlungsverträge. (TW,1958, H.5, S.148-152)

Zur Frage der "glaubwürdigen" Empfangsbestätigung. (TW, 1958,H.5, S.152-154)

Feil,G.: Verfolgung von Unterhaltsansprüchen in den USA und in Kanada (Rechtsprobleme).(RdJ, 1958, H.17, S.269-270)

Furtner,G.: Klageantrag und Urteil bei Wandlung und Minderung. (MDR, 1958, H.9, S.648-650)

Glaser,H.: Architekt und Bauherr. (MDR, 1958,H.9, S.637-640)

Holtgrave,W.: Zur Altbaumietenverordnung. (B, 1958,H.33, S.917-922)

Hubmann,H.: Der bürgerlichrechtliche Aufopferungsanspruch. (JZ,1958, H.16, S.489-493) 5

Kaufmann: Entwicklung, Wesen und Grundsätze für die Auslegung der Vertragsbestimmung "Schönheitsreparaturen werden vom Mieter getragen". (ZMR, 1958, H.9, S.245-248)

Knoll,E.: Eigentum, Enteignung und Entschädigung. (JR, 1958,H.9, S.325-327) 4

Larenz: Sozialtypisches Verhalten als Verpflichtungsgrund.(DRiZ, 1958, H.9, S.245-248)

Lohnabtretungsverbot durch kollektive Vereinbarungen. (TW, 1958,H.5, S.147-148)

Menge,R.: Die Kundenkreditsituation des Einzelhandels im II.Quartal 1958. (TW, 1958, H.5, S.133-136)

Menge,R.: 1957 rückläufiger Kundenkreditanteil im Einzelhandel. (TW, 1958, H.5, S.136-139)

Mestmäcker,E.J.: Eingriffserwerb und Rechtsverletzung in der ungerechtfertigten Bereicherung. (JZ, 1958, H.17, S.521-526)

Meyn,E.: Die Probleme des Teilzahlungskredits. (Betr.Verf.,1958,H.4, S.72-75)

Mittelstein, K.: Grenzen der Verantwortlichkeit des Rechtsanwalts. (MDR, 1958, H.10, S.743-745) 9

Ripfel, F.: Variabler Erbbauzins? (DNotZ, 1958, H.9, S.455-470) 15

Roquette, H.: Gleitklauseln bei preisgebundenen Mietverhältnissen. (NJW, 1958, H.36, S.1374-1377)

Schnitzerling, M.: Die erbrechtliche Schlechterstellung des Kindes durch das Gleichberechtigungsgesetz. (RdJ, 1958, H.17, S.261-262) 14

Siebert, W.: Zur allgemeinen Problematik des Persönlichkeitsrechts. (NJW, 1958, H.36, S.1369-1374)

Drei Fragen zum Teilzahlungsbarkredit. (TW, 1958, H.5, S.130-131)

Vassel, K.: Warenversicherung bei Abzahlungsgeschäften. (BB, 1958, H.23, S.826-830)

Weimar, W.: Zweifelsfragen zur Amtspflichtverletzung bei Kfz.-Fahrten. (MDR, 1958, H.9, S.654-655)

Wörbelbauer, H.: Die verschleierte Eigentümergrundschuld. (NJW, 1958, H.39, S.1513-1518)

Zunft: "Werkförderungsverträge". (NJW, 1958, H.35, S.1330-1331)

11. Urheber- und Erfinderrecht

Axster, H.: Die dritte Instanz im Erteilungsverfahren. (Betr. Patentamt). (GRUR, 1958, H.8, S.371-377) 5, 9

Becher, H.: Defensivzeichen sind rechtswidrig. (GRUR, 1958, H.7, S.324-330)

Danner, H.: Wir stehen am Wendepunkt des Patenterteilungsverfahrens. (GRUR, 1958, H.7, S.314-319)

Dersin, H.: Die Patentfähigkeit von Analogieverfahren für Zwischenprodukte. (GRUR, 1958, H.9, S.413-415)

Deutsch, V.: Der urheberrechtliche Titelschutz. (GRUR, 1958, H.7, S.330-333)

Das Gesetz über die Filmindustrie. (Frankreich). (UFITA, 1958, Bd 26, H.1/2, S.53-82)

Haas, P.: Internationale Koordinierung der Arbeiten auf dem Gebiet des gewerblichen Rechtsschutzes und Urheberrechts. (GRUR Ausl., 1958, H.8/9, S.369-385) 3

Haensel, C.: Probleme der literarischen Verwertungsgesellschaft. (UFITA, 1958, Bd 26, H.1/2, S.41-52)

Hirsch, E.E.: Urheberrecht und verwandte Rechte. (UFITA, 1958, Bd 26, H.1/2, S.1-18)

Hubbuch, H.: Das deutsche Patentprüfungsverfahren. (GRUR, 1958, H.7, S.320-324)

Hubbuch,H.: Auskunftsverpflichtung bei Schutzberühmung nach deutschem Recht. (WRP, 1958, H.8, S.232-234)

Hubmann,H.: Die Personendarstellung im Film und der Gesetzentwurf des BJM über den Persönlichkeitsschutz. (UFITA, 1958, Bd 26,H.1/2, S.19-34)

Lüdecke,W.: Die Eröffnung neuer Anwendungsgebiete des lizenzierten Verfahrens durch den Lizenznehmer. (GRUR, 1958, H.9, S.415-419)

Rordam,K.: Grundzüge des dänischen Warenzeichenrechts.(GRUR,Ausl., 1958, H.8/9, S.394-399)

Schlüter: Der Schutzumfang von Buchstaben-Warenzeichen im patentamtlichen Widerspruchsverfahren. (GRUR, 1958, H.8, S.379-388)

Schultze-Rhonhof: Zur Neuordnung der Rechtsstellung des Deutschen Patentamts. (GRUR, 1958, H.8, S.365-371) 5,9

Troller,A.: Das technische Geheimnis im System des Immaterialgüterrechts. (GRUR Ausl.,1958, H.8/9, S.385-394)

Trüstedt,W.: Zum Thema "Erfindungshöhe" beim Patent und Gebrauchsmuster. (GRUR, 1958, H.7, S.309-313)

Verona,A.: Das neue jugoslawische Urheberrechtsgesetz.(GRUR Ausl., 1958, H.8/9, S.409-414)

Wenzel: Der geschmacksmusterrechtliche Begriff der Eigentümlichkeit. (GRUR, 1958,H.9, S.421-424)

Wipprecht,W.: Die Senate des Deutschen Patentamts. (GRUR, 1958,H.8, S.377-378) 5

Witte,J.: Irrtum und Vertreterhaftung im Rahmen des § 49 Abs. 1 PatG. (GRUR, 1958, H.9, S.419-421)

Zeller,O.: Untergang eingetragener und benutzter Warenzeichen. (GRUR, 1958, H.9, S.434-435)

Zempelin,H.G.: Der Schutz von Firmenbezeichnungen nach österreichischem Recht. (Aussw.d.BB, 1958, H.8, S.164-166)

12.Handelsrecht,Wertpapierrecht,Kartell-und Wettbewerbsrecht

Abramowski,H.: Der Gesetzentwurf über die Liquidation der Deutschen Reichsbank und der Deutschen Golddiskontbank. (BB,1958, H.25,S.885-889) 6

Argyriadvs, A.: Das Problem der Zeitcharter. (MDR, 1958,H.10,S.728-731)

Behrens,F.S.: Funktionsrabatt und Rabattkartell. (WRP, 1958,H.8, S.225-227)

Benkendorff,G.: Inhalt und Eintragung von Wettbewerbsregeln.(WuW, 1958, H.7/8, S.416-429)

Biedenkopf,K.H.: Sind Gesamtumsatzrabattkartelle zulässig? (BB, 1958, H.21, S.757-759)

Brunn,J.H.von: Marktbeherrschung und Marktanteil im Gesetz gegen Wettbewerbsbeschränkungen. (WuW, 1958, H.7/8, S.407-415)

Buchwald,F.: Die Berechnung der Kommanditeinlage des Erben nach § 139 HGB. (B, 1958, H.36, S.1003-1005)

Dittrich,R.: Die Weiterentwicklung des österreichischen Kartellrechtes. (WRP, 1958, H.8, S.230-232)

Dürrhammer,W.: Die Exportgemeinschaft. (B, 1958, H.37, S.1019-1020) 3

Erichsen,H.: Die Rechtsgrundlage des Einwands der Abwehr im Wettbewerb und die Grenzen seiner Anwendbarkeit unter besonderer Berücksichtigung der höchstrichterlichen Rechtsprechung.(GRUR,1958,H.9, S.425-433) 11

Fischer,C.E.: Laufende Kundendienst-Inspektionen bei Personenkraftwagen zu Festpreisen und das neue Wettbewerbsgesetz.(B, 1958,H.32, S.887-889)

Gericke,K.: Welche Rechte hat das Bundeskartellamt gegenüber Zusammenschlüssen von Unternehmen? (DVBl.,1958, H.18, S.632-635) 5

Gessler,E.: Die Gewinn- und Verlustrechnung in USA. (BB,1958,H.26, S.924-927)

Gleiss,A.: Unternehmenskonzentrationen in der amerikanischen Rechtsprechung. (WRP, 1958, H.9, S.263-265)

Gleiss,A.;H.Lutz: Die Stellung des Exporteurs im Gesetz gegen Wettbewerbsbeschränkungen. (Ausw.D.BB, 1958, H.8, S.158-159)

Gramm,H.: Zum Gesamthafenbetrieb. (RdA, 1958,H.9, S.330-338) 16

Günther,E.: Wettbewerbsfreiheit und Unternehmertum.(WuW, 1958,H.7/8, S.379-392)

Gustke,H.: Beteiligung landwirtschaftlicher Verwertungsgenossenschaften an Genossenschaftszentralen.(B, 1958, H.35, S.965-967) 6,13

Heim,W.: Die Haftung bei der Beförderung durch Unterfrachtführer. (B, 1958, H.39, S.1092-1094)

Hengstenberg,W.: Verstoßen Bruttopreislisten gegen das Gesetz gegen Wettbewerbsbeschränkungen? (WuW, 1958, H.7/8, S.439-446) 6

Kellermann,A.: Die Aussetzung eines Rechtsstreites wegen präjudizieller Fragen des Kartellrechts. (WuW, 1958, H.9, S.516-527) 15

Kirschstein,F.: Rechtliche und wirtschaftliche Preisbindung einer Markenware nach § 16 des GWB. (WuW, 1958, H.9, S.527-529)

Knapp,J.: Die Verordnung über die Umstellungsrechnung der Geldinstitute aus Anlaß der Neuordnung des Geldwesens.(BB, 1958, H.22,S.793-795) 6

Köhler,K.H.von: Das Kartellverbot als Schranke und Inhaltsbegrenzung des Eigentums. (DVBl.,1958, H.18, S.635-640) 4,10

Maier,H.: Ausgleichsanspruch des Handelsvertreters und Eigenhändlers und ordre public. (NJW, 1958, H.35, S.1327-1330)

Marcetus,K.: Die Zulässigkeit der Ankündigung von Verbraucherpreisen durch den Hersteller.(WRP, 1958, H.8, S.228-230)

Noetzel,L.: Der Billigkeitsgedanke beim Ausgleichsanspruch des Handelsvertreters. (NJW, 1958, H.35, S.1325-1327)

Richert: Der Kommanditistenwechsel und seine Erscheinungsform im Handelsregister. (NJW, 1958, H.38, S.1472-1475)

Saint-Gal,Y.: Unlauterer und parasitärer Wettbewerb.(GRUR Ausl.,1958, H.8/9, S.399-408)

Schork,L.: Banken und Versicherungen im Gesetz gegen Wettbewerbsbeschränkungen. (WuW, 1958, H.7/8, S.429-438)

Schröder: Änderung der Vertragsbedingungen und Ausgleichsanspruch im Handelsvertreterverhältnis. (B, 1958, H.35, S.975-977)

Schwamberger,W.: Die Grenzen des Verwirkungseinwandes und der Einrede aus Vertrag im Wettbewerbsrecht.(NJW, 1958, H.38, S.1469-1472)

Spengler, A.: Kartellgesetz und Verlagsgewerbe.(ZV u.ZV, 1958,H.17, S.643-645)

Spengler,A.: Zur Zulässigkeit des Kundenboykotts in Arbeitskämpfen. (B, 1958,H.37, S.1032-1033)

Steindorff,E.: Zur Geltung des Kartellverbotes im Vertrag über die Gründung der Europäischen Wirtschaftsgemeinschaft.-Ein erstes Gerichtsurteil. (BB,1958, H.26, S.931-933) 3

Völp,F.: Gesamtumsatzrabattkartelle. (WRP, 1958,H.9, S.257-261)

Walther,C.A.: Bemerkungen zum "Drogerie"-Urteil des OLG Bamberg. (WRP, 1958, H.9, S.261-263) 5

Würdinger,H.: Rechtskontrolle der Verfügungen der Kartellbehörden durch die Gerichte (§ 70 Abs.4 GWB).(WuW, 1958, H.7/8, S.392-407) 5,9

Würdinger,H.: Kartellrechtliche Beurteilung von Empfehlungen in der Versicherungswirtschaft. (WuW, 1958, H.9, S.503-516)

Zweigert,K.: Das neue Kartellgesetz. (DVBl.,1958, H.18,S.626-632)

13.Landwirtschaftsrecht

Ehrenforth: Steuervergünstigung, Kredite und Beihilfen zur Verbesserung der Agrarstruktur. (RdL, 1958, H.8,S.197-202;H.9,S.230-232) 6

Leikam, K.: Die Baulandbewertung der Flurbereinigung.(RdL,1958,H.9, S.225-229)

14.Familienrecht

Bosch,F.W.: Das neue Ehevermögensrecht, insbesondere das Ehegüterrecht (Grundlinien und Hauptprobleme).(FamRZ, 1958,H.8/9,S.289-298)

Brüggemann,D.: Einwirkungen des Gleichberechtigungsgrundsatzes auf das Unehelichenrecht. (Zbl.JugR.,1958, H.8, S.181-188) 4

Brühl,H.: Die Adoption deutscher Kinder durch Staatsangehörige der USA. (NJW, 1958, H.36, S.1381-1382)

15.Zivilprozeß und Freiwillige Gerichtsbarkeit

Barnstedt,F.: Die eidliche Vernehmung eines Beteiligten im Verfahren der freiwilligen Gerichtsbarkeit. (DNotZ, 1958, H.9, S.470-475) 7

Baur, F.: Die dritte Instanz im künftigen Zivilprozeß. (ZZP, 1958, Bd 71, H.3/4, S.161-187)

Göppinger,H.: Neuladung des Schuldners nach Erlassung des Haftbefehls. (ZZP, 1958, Bd 71, H.3/4, S.223-227)

Honisch,J.: Probleme der Zwangshypothek. (NJW,1958, H.39, S.1526-1528)

Noack: Rechtsanwaltskosten in Kriegsgefangenenentschädigungs- und Häftlingshilfe-Prozessen. Zur Verfassungsmäßigkeit des § 27 Abs. 4 KgfEG. (NJW,1958, H.35, S.1333-1335) 4

Pastor,W.L.: Die Prozeßkostenvorschußpflicht der Ehegatten nach dem Gleichberechtigungsgesetz. (FamRZ, 1958, H.8/9, S.298-303) 14

Paulus,G.: Die Beschränkungen der Revisionszulässigkeit.(ZZP,1958, Bd 71, H.3/4, S.188-222)

Schmidt: Neuregelung des Rechts der freiwilligen Gerichtsbarkeit in Niedersachsen. (SKV, 1958, H.8, S.171-172)

Schmidt,H.: Erfahrungen als Zivilprozeßrichter, Verfahrensbeschleunigung und Urteilsfassung. (SchlHA, 1958, H.8, S.219-222)

Schucany, G.: Die freie Klagerücknahme im Zivilprozeßrecht des Kantons Graubünden. (RabelsZ, 1958, H.2, S.231-258)

Schumann, A.: Zum Streitwert in Ehesachen. (MDR, 1958, H.10,S.736-738)

Tschischgale,M.: Die neuen Rechtsanwaltsgebühren in Vertragshilfesachen. (MDR, 1958, H.9, S.640-644)

16.Arbeitsrecht und Arbeitsgerichtliches Verfahren

Bardey,E.: Streiks und Gegenwehr - gestern und heute. (Mbl.freiheitl. Wipol.,1958, H.9, S.537-540)

Beer,H.: Über den Betriebsfrieden. (ArbuR, 1958,H.8, S.236-238)

Brenner;O.: Die Unabhängigkeit und Einheit der Gewerkschaften. (N.Gesellschaft, 1958, H.5,S.329-332) 4

Bührig,E.: Sozialadäquanz und Rechtswidrigkeit im Arbeitskampfrecht. (Betr.Verf., 1958, H.5, S.84-86) 4

Bürger,K.: Möglichkeiten der vertraglichen Bindung von durch den Betrieb geförderten Nachwuchskräften. (AG, 1958, H.17,S.518-520)

Diekhoff,L.: Zur Wiedereinstellungspflicht nach beendetem Arbeitsverhältnis. (B, 1958, H.31, S.869-871)

Erdmann,E.G.: 42. Tagung der Internationalen Arbeitskonferenz.(AG, 1958, H.15-16, S.472-475)

Farthmann,F.: Zur Anfechtbarkeit von Arbeitsverträgen.(RdA,1958,H.9, S.338-341)

Feddersen,B.: Soll das betriebliche Ruhegeld künftig von der Höhe der Sozialrente abhängig sein? (BB,1958, H.25,S.917-919) 17

Frey,E.: Gibt es ein betriebliches Gewohnheitsrecht? (ArbuR,1958, H.9, S.277-278)

Frey,E.: Ausfallprinzip, Arbeitsleistungsprinzip und Pauschalprinzip. (Betr.Verf.,1958, H.7, S.126-130) 17

Frey,E.: Zur Problematik des verschlechternden Tarifvertrages. (ArbuR, 1958, H.8, S.233-235)

Der freie Samstag kostet Geld. Thema Fünf-Tage-Woche auf der Jahresversammlung des Deutschen Städtetages in Hannover.(SKV,1958,H.8, S.169-171) 5

Galperin,H.: Der Wegfall der Geschäftsgrundlage im Arbeitsrecht. (Betr.Verf.,1958, H.4, S.61-66) 10

Gaul,D.: Zur Haftung des Arbeitnehmers bei schadengeneigter Arbeit. (B, 1958, H.36, S.1011-1015)

Vor Änderungen des englischen Gewerkschaftsrechts? (AG, 1958,H.15/16, S.456-458)

Besonnenheit auf dem englischen Gewerkschaftskongreß. (AG,1958,H.18, S.548-550)

Heißmann,E.: Wege der betrieblichen Altersversorgung in Klein- und Mittelbetrieben. (B, 1958, H.34, S.933-935) 17

Herschel,W.: Zur Rechtsnatur der Urlaubskarten und-marken der Bauwirtschaft. (Betr.Verf.,1958, H.6, S.101-104)

Hoffmann,E.: Die Kosten der Lehrabschlußprüfung. (BB,1958, H.27, S.988-989)

Hohn,H.: Aufwendungsersatz für Reisen zur Vorstellung und zum Dienstantritt. (BB,1958, H.23, S.844-847)

Jaerisch: Zum Problem des Betriebsrisikos.(JR,1958, H.8,S.287-293)

Der neue Jugendarbeitsschutz kommt. (Zbl.JugR,1958, H.8,S.202-204)

Kauffmann,D.H.: Betriebsrat und Personalrat - eine vergleichende Betrachtung -.(Betr.Verf.,1958, H.7, S.121-126) 5

Kauffmann,H.: Zur Kontinuität des Betriebsrats und des Aufsichtsrats. (Betr.Verf.,1958, H.6, S.111-116)

Kauffmann,H.: Die Rechtsstellung der Gewerkschaft als Verein und als Träger der sozialen Autonomie. (Betr.Verf.,1958, H.4, S.66-72) 4

Warum scheiterte das Kennedy-Ives-Gesetz? (Betr.Gewerkschaft-USA). (AG, 1958, H.17, S.504-506)

Klawitter,H.: Arbeitsrechtliche Probleme der Selbständigen und der Freischaffenden. (ZSR, 1958, H.8, S.539-545)

Lemke, B.: "Wohlfahrts"einrichtungen in der betrieblichen Altersversorgung. (Betr.Verf.,1958, H.5, S.86-90) 17

Leser,H.: Vergleich über tatsächliche Voraussetzungen tariflicher Ansprüche. (BB, 1958, H.22, S.812-814)

Ungute Auswirkungen der sozialen Neuordnung. (Betr.Lohnfortzahlung). (AG, 1958, H.17, S.494-496)

Deutsche Lohnpolitik in englischer Beleuchtung. (AG, 1958, H.18, S.532-534)

Meier-Scherling: Vergütung von Feiertagsarbeit. (Betr.Verf.,1958, H.6, S.108-111)

Meyer,R.: Zur Berechnung des Arbeitgeberzuschusses zum Krankengeld. (Betr.Verf.,1958, H.7, S.130-135) 17

Molitor,E.: Einstufungsfragen im Tarifvertragsrecht.(BB,1958,H.26, S.951-954)

Monjau,H.: Der eigengeführte Haushalt.(Betr.Haushaltstag).(B,1958, H.32, S.896-898)

Müller,G.: Vorzeitige Kündigungsmöglichkeit der Tarifvereinbarung für das Berliner Baugewerbe. (Betr.Verf.,1958, H.6, S.104-108)

Musa,W.: Auswirkungen des AVAVG auf das Arbeitsrecht. (ArbuR,1958, H.9, S.268-271)

Nikisch,A.: Der Vergleichsverzicht im Tarifrecht. (B, 1958,H.34, S.957-958)

Nipperdey,H.C.: Die Rolle des Staates bei der Regelung des Arbeitsverhältnisses - ein internationaler Rechtsvergleich. (RdA,1958,H.9, S.321-330) 1,4

Notstandsarbeiten - in der Vollbeschäftigung? (Mbl.freiheitl.Wipol., 1958, H.9, S.520-521)

Oehmann,W.: Kündigungsschutz der Betriebsratsmitglieder bei Betriebsverlegung. (B, 1958, H.35, S.985-986)

Popp,L.G.: Was ist unter einem "gemeinsamen Beschluß" i.S. § 52 Abs. 2 Betriebsverfassungsgesetz zu verstehen? (B, 1958, H.39, S.1100-1102)

Rothe,H.: Der Unfallschutz auf dem Arbeitsweg. (B,1958, H.34,(Beil.), S.1-6)

Rüstig,H.: Das Landarbeitsrecht in Österreich. (ArbuR, 1958, H.9, S.271-277)

Savaète,E.: Der Vergleich in arbeitsrechtlichen Streitfällen. (ArbuR, 1958, H.9, S.257-268)

Schmidt,H.: Lehrlingsvergütung und Tarifvertrag im Handwerk.(BB,1958, H.27, S.989-990)

Schregle,J.: Ausländische Arbeitsgesetzgebung (4.Folge).(Franz.Besitzungen).(RdA, 1958, H.9, S.350-351)

Seifert,J.: Zur Situation der italienischen Gewerkschaften. (Gew.Mon.H.,1958, H.9, S.544-549)

Soltérer,J.: Wo sind die Grenzen der Gewerkschaftsmacht? (AG, 1958, H.18, S.544-547) 4

Streikrecht und öffentliche Betriebe. (Frankreich).(AG, 1958, H.18, S.552-553) 2,5

Tacke,B.: Zum Europäischen Gespräch 1958.(Betr.DGB)(Gew.Mon.H.,1958, H.8, S.449-451)

Trieschmann,G.: Die neuen Tarifverträge für die deutsche Seeschifffahrt. (ArbuR, 1958, H.8, S.225-233)

Die Vereinheitlichung des Tarifvertragsrechts (Kollektivvertragsrechts) in Europa. (RdA, 1958, H.9, S.347)

Vogel,K.: Das Arbeitsamt als Makler? (Soz.Sicherh.,1958,H.8,S.227-231)

Walter,G.; H.Solf;G.Steininger: Tätigkeit jugendlicher Facharbeiter nach Zeitvorgabe. (BB, 1958, H.24, S.881-883)

Weisser,G.: Die Gewerkschaften als außerstaatliche Macht.(Gew.Mon.H., 1958, H.8, S.474-476) 4

Wettig,O.: Teamarbeiter in Unternehmer- und Arbeitnehmersicht. (Gew.Mon.H., 1958, H.9, S.549-553)

Zilken, M.: Warnung vor Vergleichen bei Kündigungsstreitigkeiten aus dem Mutterschutzgesetz. (ArbuR, 1958, H.9, S.278-279)

17.Sozialrecht,Sozialgerichtsbarkeit und Verfahren

Beck, M.: § 1300 RVO: Die Pflich zur Neufeststellung. (ZSR,1958, H.8, S.534-539)

Birkelbach: Gemeinsame europäische Sozialpolitik. (ZSR, 1958, H.8, S.549-552) 3

Blobel,K.: Soziale Selbstverwaltung und Gesundheitssicherung. (Soz.Sicherh.,1958, H.8, S.225-227)

Blobel,K.: Über den Selbstbehalt in der Schweiz und die Kostenbeteiligung in Frankreich. (Soz.Sicherh.,1958, H.8,S.232-234)

Böhmer,H.: Kritisches zum Lohnfortzahlungsgesetz im Hinblick auf die Reform der Krankenversicherung. (ZSR, 1958, H.8,S.526-534) 16

Böhner,H.: Die Problematik der Versicherungspflicht bzw.-freiheit bei Beschäftigung von Verwandten. (B, 1958, H.33, S.928-930)

Buresch,E.: Vor 4 Jahren - Ein Rückblick auf die Entwicklung der Sozialgerichtsbarkeit in Schleswig-Holstein. (SchlHA, 1958, H.9, S.245-247)

Cohen,W.J.: Die Bedeutung des Einkommens und die Rentenbemessung in den Vereinigten Staaten von Amerika. (T.2) (ZSR, 1958, H.7, S.482-504)

Debus,K.: Grundsatzfragen zur Neugestaltung der Krankenversicherung. (Soz.Sicherh.,1958, H.9, S.257-264)

Fess,K.: Zur Altersversorgung der Beamten und Rentner. (DVBl.,1958, H.16, S.557-560) 5

Friedländer,W.: Amerikanisches Wohlfahrtswesen und die Gewerkschaften. (Gew.Mon.H., 1958, H.9,S.557-565) 16

Harten: Zum Begriff der "Vollwaise" im Sinne des § 1269 RVO. (ZSR, 1958, H.8, Beilage "Verwaltung und Aufsicht", S.73-76)

Hoffmann,R.: Zur Neuordnung der deutschen Kriegsopferversorgung - Notwendigkeit einer Versorgung der Nichtberufssoldaten.(ZSR, 1958, H.7, S.472-482)

Koch,E.: Entbindung des Werkarztes von der Schweigepflicht.(B,1958, H.37, S.1040-1041) 7

Kossow,W.: Mitwirkung der Versicherten bei dem Ausbau des Krankenkontrolldienstes. (ZSR, 1958,H.7, Beilage "Verwaltung und Aufsicht", S.65-58)

Krebs: Anspruch und Antrag im Sozialgerichtsverfahren. (NJW, 1958, H.37, S.1424-1428)

Vorschläge des VdK Deutschlands zur Neuordnung der Kriegsopferversorgung. (ZSR, 1958, H.8, S.560-570)

Lohbeck,E.: Neue UV-Leistungen an Angehörige. (Soz.Sicherh.,1958, H.9, S.275-277)

Lotz: Allgemeine gesundheitspolitische Fragen. (ZSR, 1958,H.8,S.545-549)

Matthes,J.: Wohlfahrt und Freiheit.(Betr.Wohlfahrtsstaat). (Gew.Mon.H.,1958, H.8, S.476-481) 1,4

Nannenhorn,P.: Reform der Krankenversicherung - anders herum.(ZSR, 1958, H.7, S.463-471)

Nickenig, H.: Wirtschaftliche Gleichwertigkeit knappschaftlicher Arbeiten. (Soz.Sicherh.,1958, H.9, S.281-285)

Die Probe aufs Exempel. (Betr.Rente). (AG, 1958, H.17,S.491-492)

Die Rentendebatte im Bundestag.- Die Kernfrage der Sozialpolitik (Fortsetzung aus 1958, H.5).(ZSR,1958,H.8,S.571-580)

Reymann,H.: Wann kommt die Neuordnung des Arzneimittel-und Apothekenwesens? (Soz.Sicherh., 1958, H.9, S.265-267) 5

Schein: Die Auswirkung des Knappschaftsversicherungs-Neuregelungsgesetzes. (ZSR, 1958,H.8, S.513-521)

Schultz, E.: Bedrohung aller Gesundheitspolitik. (Soz.Sicherh.,1958, H.9, S.264-265)

Sohn,K.H.: Probleme der Rentenanpassung. (Soz.Sicherh.,1958, H.9, S.267-269)

Sozialpolitische Zielsetzungen des Bundesministeriums für Arbeit und Sozialordnung. (ZSR, 1958, H.8, S.580-583)

Das Sozialprogramm der Regierung Fanfani. (AG, 1958, H.15/16,S.458-459)

Stempell,H.: Über das niederländische Krankenversicherungssystem. (Soz.Sicherh.,1958, H.9, S.272-275)

Kostspielige Neureglung der Unfallversicherung. (AG, 1958, H.15/16, S.485-486)

Vogt: Gedanken zur Ordnung des Knappschaftsärztewesens.(ZSR, 1958, H.8, S.521-526)

Wiese,L.von: Die Grundwissenschaft vom Sozialen. (SCHM.JB.,1958,H.4, S.97-102) 1

Wilke: Zur Neugestaltung des Bundesversorgungsgesetzes. (ZSR, 1958, H.7, S.441-463)

18.Internationales Privatrecht

Aubin,B.: Der Anknüpfungsrückgriff im Deutschen Internationalen Familienrecht. (RabelsZ, 1958, H.3/4, S.659-707)

Beitzke,G.: Der deutsche Staatsanwalt im Statusprozeß von Ausländern. (RabelsZ, 1958, H.3/4, S.708-729)

Braga, S.: Kodifikationsgrundsätze des Internationalen Privatrechts. (RabelsZ, 1958, H.3/4, S.421-448)

Ferid,M.: Zur kollisionsrechtlichen Behandlung von Inländern mit zugleich ausländischer Staatsangehörigkeit. (RabelsZ, 1958, H.3/4, S.498-514)

Gamillscheg,F.: Gedanken zu einem System des Internationalen Arbeitsrechts. (RabelsZ, 1958, H.3/4, S.819-850) 16

Gottheiner,H.G.: Sovilla, K.,Eigentumsübergang an beweglichen körperlichen Gegenständen bei internationalen Käufen. Freiburg/Schweiz 1954, 95 S. (Rez.).(RabelsZ, 1958, H.2, S.369-373)

Gutzwiller,M.: Fünfzig Jahre Internationalprivatrecht. (RabelsZ,1958, H.3/4, S.403-420)

Wiethölter,R., Einseitige Kollisionsnormen als Grundlage des Internationalen Privatrechts. Berlin 1956, 123 S.(Rez.).(RabelsZ,1958, H.2, S.365-368)

Korkisch,F.: Der Anteil der nordischen Länder an den Fragen des Internationalen Privatrechts. (RabelsZ, 1958, H.3/4, S.599-623)

Luther,G.: Die Pflegekindschaft des italienischen Rechts und ihre Behandlung im Internationalen Privatrecht. (RabelsZ, 1958, H.3/4,S.764-790)

Neumayer,K.H.: Fremdes Recht und Normenkontrolle. (RabelsZ,1958, H.3/4, S.573-598)

Raiser,L.: Erler,G., Grundprobleme des internationalen Wirtschaftsrechts. Göttingen 1956, 215 S. (Rez.).(RabelsZ, 1958, H.2, S.376-378)

Schwimann,M.: Zur Behandlung der Staatsbürgerschaftsehe im internationalen Privatrecht. (FamRZ, 1958, H.8/9, S.303-307)

Schwind,F.Fr.von: Von der Zersplitterung des Privatrechts durch das Internationale Privatrecht und ihrer Bekämpfung. (RabelsZ,1958,H.3/4, S.449-465)

Serick, R.: Zur Anerkennung der Liechtensteinischen Treuunternehmen in Deutschland. (RabelsZ, 1958, H.3/4, S.624-642)

Wengler,W.: Skizzen zur Lehre vom Statutenwechsel. (RabelsZ,1958, H.3/4, S.535-572)

Zweigert,K.: Das Statut der Vertragsübernahme. (RabelsZ, 1958,H.3/4, S.643-658)

19.Juristische Ausbildungs-und Prüfungsfragen

Münzel,K.: Die Referendarausbildung in der Freiwilligen Gerichtsbarkeit.(T.1 u.2). (JZ, 1958, H.16, S.498-500; H.17, S.532-534)

Wohlfahrt,P.: Die juristische Laufbahn in England. (JR,1958, H.9, S.332-335)

20.Sonstiges

Brockmann,Th.: Die Entwicklung des Bundesrechts im ersten Halbjahr 1958. (DVBl.;1958, H.18, S.647-648)

Krantz,D.: Die Bautätigkeit für die schleswig-holsteinischen Gerichte während der letzten Jahre.(SchlHA,1958, H.9, S.256-260)

Pietsch: Schleswig-Holstein. (RdA, 1958, H.9, S.348-350)

Roedenbeck,H.C.: Die Entwicklung des öffentlichen Rechts in Berlin im zweiten Halbjahr 1957. (DVBl.,1958, H.16, S.570-574)

Trinkhaus,H.: Freie Hansestadt Bremen. (RdA, 1958, H.9,S.348)

C.20.(30.) VERZEICHNIS DER NEUERWERBUNGEN DER BIBLIOTHEK DES DEUTSCHEN INSTITUTS FÜR RECHTSWISSENSCHAFT 1)

1.ALLGEMEINES

1.Allgemeine und bibliographische Nachschlagewerke, Wörterbücher, Buch- und Bibliothekswesen

Deutsches Industrieinstitut. Bibliographie zur Mitbestimmung und Betriebsverfassung. Bd 2. < Erg.-Bd.> Stand: 31.12.1956. Köln-Deutz 1957. 62 S. II Eb 920

Burr,V.: Georg Leyh. Verzeichnis seiner Schriften. Zum 80.Geburtstag am 6.Juni 1957 hrsg. Wiesbaden 1957. 47 S. II Eb 931

Simple Chinese conversation. Jianyi hanyu huihua. Suppl.to China Reconstructs. Peking 1958. 52 S. IV Ea 21894

Englisch-Deutsches Wörterbuch. Hrsg.v.G.Wenrig. Leipzig 1955. 783 S. I Ea 23616

Der Europäische Wirtschaftsrat. OEEC-Handbuch 1956. Hrsg.vom Bundesmin.f.wirtschaftl.Zusammenarb. Bad Godesberg 1956. 240 S. II Ea 23310

Haensch,G.: Internationale Terminologie. Diplomatie, Verträge, Internationale Organisationen, Konferenzen. (In dt.franz.,engl.u.span. Sprache) Stuttgart 1954. 180 S. II Ea 23357

Ibero-Amerika. Ein Handbuch. Hrsg. Ibero-Amerikanischer Verein Hamburg-Bremen 2.Aufl. Hamburg 1954. 600 S. II Ea 23589

Irikura,J.K.: Southeast Asia: Selected annotated bibliography of Japanese publications. New Haven 1956. 544 S. V Ea 23545

Evangelisches Kirchenlexikon. Kirchlich-theologisches Handwörterbuch. Hrsg v.H.Brunotte u. O.Weber. Bd 1.2. Bd 1: A-G.1956.1736 Sp. Bd 2: H-O. 1958. 1794 Sp. Göttingen 1956-1958. II Eb 956

Langenscheidts Handbücher der Handelskorrespondenz. Französisch für Kaufleute. Handelskorrespondenz und Handelskunde. Berlin-Schöneberg 1957. 430 S. II Ea 23595

1) Die hier angezeigte Literatur ist gemäß der Benutzungsordnung der Bibliothek des Deutschen Instituts für Rechtswissenschaft, für die Mitglieder des Deutschen Instituts für Rechtswissenschaft, Ministerien und zentrale Institutionen der Deutschen Demokratischen Republik und nach der Leihverkehrsordnung der Bibliotheken ausleihfähig.-Verzeichnis 1-10 ist enthalten im Mitteilungsblatt des Deutschen Instituts für Rechtswissenschaft 1953, Nr 1-1955, Nr 3.

Langenscheidts Musterbriefe. 100 Briefe Englisch für Export und Import.Berlin 1957. 137 S. II Ea 23596

Langenscheidts Musterbriefe. 100 Briefe Französisch für Export und Import. Berlin 1958. 152 S. II Ea 23597

Langenscheidts Taschenwörterbuch der dänischen und deutschen Sprache. T. 1/2. Berlin 1956. T.1: 537 S. T.2: 532 S. II Ea 23607

Langenscheidts Taschenwörterbuch der französischen und deutschen Sprache. T. 1/2. Berlin 1957. T.1: 532 S. T.2: 567 S. II Ea 23600

Langenscheidts Taschenwörterbuch der griechischen und deutschen Sprache. T.1/2. Berlin 1957. T.1: 520 S. T.2: 546 S. II Ea 23604

Langenscheidts Taschenwörterbuch der italienischen und deutschen Sprache. T.1/2. Berlin 1957. T.1: 512 S. T.2: 474 S. II Ea 23606

Langenscheidts Taschenwörterbuch der lateinischen und deutschen Sprache. T.1/2. Berlin 1958. T.1: 407 S. T.2: 428 S. II Ea 23603

Langenscheidts Taschenwörterbuch der niederländischen und deutschen Sprache. T.1/2. Berlin 1956. T.1: 509 S. T.2: 498 S. II Ea 23601

Langenscheidts Taschenwörterbuch der portugiesischen und deutschen Sprache. T.1/2. Berlin 1957. T.1: 581 S. T.2: 545 S. II Ea 23602

Langenscheidts Taschenwörterbuch der spanischen und deutschen Sprache. T.1/2. Berlin 1956. T.1: 546 S. T.2: 574 S. II Ea 23605

Malclès,L.N.: Les Services bibliographiques dans le monde. 1er et 2nd rapports annuels. 1951-1952, 1952-1953. München 1955. 394 S. II Ea 23374

Mohrhenn,W.: Perfectionnez votre français! Toussaint-Langenscheidt-Aufbau-Kursus Französisch. Berlin 1958. 351 S. II Ea 23598

Ordnungsmerkmale in den Verwaltungen der gewerblichen Wirtschaft und der öffentlichen Hand. Hrsg.v.Ausschuß f.wirtschaftl.Verwaltung. Berlin, Köln 1952. 19 S. II Ea 23559

Piper K.;K.Rossmann: Karl Jaspers. Sein Werk. Eine Übersicht im Jahr eines 75.Geburtstages. München 1958. 31 S. II Ea 23503

Revues et périodiques de langue française. Répertoire analytique. 1.2. Paris 1958. 2 Bde 1.Revues d'information et d'actualité.107 S. 2. Revues de culture littéraire et scientifique. 286 S.V Ea 21506

Rhodin,R.: Fachausdrücke des Außenhandels. F.d.Hrsgabe vorbereitet von W.Kietzmann. Berlin 1958. 428 S. I Ea 23486

Deutsches und ausländisches Schrifttum zur Frage der Abrüstung 1945-1956,unter bes.Berücks.d.Schrifttums zu d.Problemen d.Kernwaffen u.d.internat.Kontrolle d.Kernenergie. Frankfurt/M.1957. 44 S. II Eb 946

Deutsches und ausländisches Schrifttum zu den regionalen Sicherheitsvereinbarungen 1945-1956. Frankfurt/M. 1957. 64 S. II Eb 945

Stoff,R.: Polish up your English! Toussaint-Langenscheidt-Aufbau-Kursus Englisch. Berlin 1957. 300 S. II Ea 23599

Völkerrecht, Internationale Beziehungen, Zeitgeschichte. Gemeinsamer Kat.d.Arbeitskreises der dt.Inst.f.Völkerrecht, Internat.Beziehgn u.Zeitgeschichte. Frankfurt/M.,Berlin 1957. 127 S. II Ea 23195

2.Biographien

Jansen, R.: Georg von Vollmar. Eine polit.Biographie Hrsg.von d. Komm.f.Gesch.d.Parlamentarismus u.d.pol.Parteien. Düsseldorf 1958. 137 S. II Eb 938

Jaspers,K.: Max Weber. Politiker, Forscher, Philosoph. München 1958. 89 S. II Ea 23407

Müller,P.: Alexander Dominicus. Ein Lebensbild. Berlin 1957. 136 S. II Ea 23563

Sun Yat-sen.Commemorative articles and speeches by Mao Tse-tung, Soong Ching Ling, Chou En-lai and others. Peking 1957. 86 S. IV Ea 23351

3.Philosophie, Soziologie

Alembert,J.le Rond d':Einleitende Abhandlung zur Enzyklopädie < 1751 >.Im Auftr.u.unter Mitw.d.Arbeitsgruppe Philosophiehistor. Texte an d.Dt.Akad.d.Wiss.zu Berlin neu übers. Mit Einl.u.Anm. vers. v.G.Klaus. Berlin 1958. 141 S. I Ea 19946

Althaus,P.: Gebot und Gesetz. Zum Thema "Gesetz und Evangelium". Gütersloh 1952. 38 S. II Ea 23572

Althaus,P.: Die christliche Wahrheit. Lehrbuch der Dogmatik. Gütersloh 1958. 728 S. II Ea 23573

Aurobindo,S.: Der integrale Yoga. Erstmalig aus seinen Werken übers. Mit e.Essay "Zum Verständnis d.Werkes" u.e.Bibl.von O.Wolff. Hamburg 1957. 152 S. II Ea 23223

Bahrdt,H.P.: Industriebürokratie. Versuch e.Soziologie d.industrialisierten Bürobetriebes u.seiner Angestellten. Stuttgart 1958. 146 S. II Ea 23360

Barth,H.: Die Idee der Ordnung. Beiträge zu e.polit.Philosophie. Erlenbach-Zürich, Stuttgart 1958, 254 S. V Ea 23367

Braeunig,K.: Willensfreiheit und Naturgesetz. München, Basel 1951. 39 S. II Ea 23576

Cold,E.: Allgemeine Religionsgeschichte als Universalgeschichte. Eine wissenschaftstheoret. Skizze. Kiel 1957. 15 S. II Ea 21489

Dobrynin,N.F.: (Aufmerksamkeit und Gedächtnis, russ.:) Vnimanie i pamjat'. Moskau 1958. 31 S. III Ea 21491

Eick,J.;K.Gauger: Angina temporis. Zeitnot, Die Krankheit unserer Tage. Ein Wirtschaftler u.ein Arzt zum Thema: Keine Zeit. 4.Aufl. Düsseldorf 1955. 78 S. II Ea 23579

Ermolenko,D.V.: (Die moderne bürgerliche Philosophie in den Vereinigten Staaten von Amerika, russ.:) Sovremennaja buržuaznaja filosofija v Soedinjennych Štatach Ameriki. Moskau 1957. 62 S. III Ea 23455

Feuerbach,L.: Der Mensch schuf Gott nach seinem Bilde. Krit.über Religion, Theologie u.Kirche. Ausgew.u.eingel.von W.Schuffenhauer. Berlin 1958. 190 S. I Ea 23199

Führungsschicht und Eliteproblem. Konferenz der Ranke-Gesellschaft. Vereinigung für Geschichte im öffentlichen Leben. Frankfurt/M., Berlin,Bonn 1957. 143 S. II Ea 23488

Hahn,F.: Evangelische Unterweisung zwischen Theologie und Politik. München 1958. 34 S. II Ea 23497

Iovčuk, M.T.: (Die philosophischen und soziologischen Anschauungen N.P.Ogarjows, russ.:) Filosofskie i sociologičeskie vzgljady N.P. Ogareva. Moskau 1957. 114 S. III Ea 23448

Klaus,G.: Einführung in die formale Logik. Berlin 1958. 391 S. I Ea 23383

Kopnin,P.V.: (Die Hypothese und deren Rolle in der Erkenntnis, russ.:) Gipoteza i ee rol'v poznanii. Moskau 1958. 39 S. III Ea 21487

Koval'čuk, A.S.: (Die Besonderheiten des Übergangs von Quantität in Qualität in der gesellschaftlichen Entwicklung, russ.:) Osobennosti perechoda količestva v kačestvo v obščest vennom razvitii. Moskau 1958. 45 S. III Ea 21493

Leendertz, W.: Gedankenprofile. Tübingen 1958. 105 S. II Ea 23569

Lenin,V.I.: (Gegen den Revisionismus, russ.:) Protiv revisionizma. Moskau 1958. 584 S. III Ea 23431

Ley,H.: Studie zur Geschichte des Materialismus im Mittelalter. Berlin 1957. 572 S. I Ea 23381

Marx,K.; F.Engels: Über Religion. Berlin 1958. 360 S. I Ea 23303

Marxistische Philosophie und sozialistische Politik. Aktuelle Probleme d.marx.Philosophie in d.DDR. Berlin 1958. 190 S. I Ea 23471

Minneapolis 1957. Das grosse Treffen des Weltluthertums.Hrsg.v.H. Reich. Berlin 1958. 134 S. II Ea 23578

Die deutsche bürgerliche Philosophie seit der Großen Sozialistischen Oktoberrevolution. Berlin 1958. 119 S. I Ea 23299

Ritter,J.: Hegel und die französische Revolution. Köln, Opladen 1957, 118 S. II Ea 23362

Schelling,F.W.J.: System des transzendentalen Idealismus. Hamburg 1958. 303 S. II Ea 23550

Schmauch,W.;E.Wolf: Königsherrschaft Christi. Der Christ im Staat. München 1958. 69 S. II Ea 23498

Schutz der Partei,Schutz des Sozialismus, Widerlegung einiger falscher Theorien reaktionärer Elemente. (In chines.Sprache.) Peking 1957. 113 S. IV Ea 23472

Sokolov,V.V.: (Antike Philosophie, russ.:) Antičnaja filosofija. Moskau 1958. 46 S. III Ea 21492

Soziologie der Gemeinde. Hrsg. R.König. Köln, Opladen 1957. 229 S. II Ea 23279

Zamoškin, Ju.A.: (Die psychologische Richtung in der modernen bürgerlichen Soziologie, russ.:) Psichologičeskoe napravlenie v sovremennoj buržuaznoj sociologii. Moskau 1958. 62 S. III Ea 23456

4.Wirtschaftswissenschaft

(Die Geschichte der wirtschaftlichen Entwicklung Chinas von 1840-1948, russ.:) Istorija ekonomičeskaja razvitija Kitaja 1840-1948 gg. Sbornik statističeskich materialov. Moskau 1958. 377 S. III Eb 947

Grundfragen moderner Wirtschaftspolitik. Hrsg.v.C.Schmid, K.Schiller, E.Potthoff. Frankfurt/M.1958. 345 S. II Ea 23540

Industrieller Vertrieb. VDI-Taschenbuch. Hrsg.v.Verein Deutscher Ingenieure. Düsseldorf 1957. 357 S. II Ea 23560

Lenz,F.: Politische Ökonomie in unserer Zeit. Gegenstand und Aufgabe. Tübingen 1958. 42 S. II Ea 23491

Pacyna,G.: Agrarfabriken oder Bauernhöfe? Das Landvolk im Zeitalter d.industriellen Gesellschaft. Hamburg 1958. 363 S. II Ea 23358

Polovnikov,A.P.: (Der Handel im alten Rußland, russ.:) Torgovlja v staroj Rossii. Moskau 1958. 99 S. III Ea 23416

Richter, G.: Die Arbeitsproduktivität in Theorie und Praxis. Berlin 1958. 223 S. I Ea 23300

Soule,G.: Volkswirtschaft im Alltag."Economics for living." Bad Homburg v.d.H., Berlin,Zürich 1957. 112 S. II Ea 23505

Ländliche Sozialforschung. Grundfragen u.Entwicklungslinien. Vorträge u.Verhandlgn d.Arbeitstagung d.Forschungsgesellschaft f. Agrarpolitik u.Agrarsoziologie, Bonn am 21.Juni 1957 in München. Hamburg, Berlin 1957. 81 S. II Ea 23479

Strachey,J.: Contemporary Capitalism. New York 1956. 374 S. V Ea 23542

Veblen,Th.: Theorie der feinen Leute. Eine ökonom.Untersuchg d.Institutionen. Köln, Berlin 1958. 381 S. II Ea 23364

(Die wirtschaftliche Lage Westeuropas, russ.:) Ekonomičeskoe položenie zapadnoj Evropy. Sbornik materialov. Moskau 1958. 312 S. III Ea 23461

5.Geschichte

Apostol,G.: (Die Gewerkschaften der Rumänischen Volksrepublik im Kampf um den Aufbau des Sozialismus, russ.:) Profsojuzy Rumynskoj Narodnoj Respubliki v borb'e za postroenie socializma. Moskau 1957. 70 S. III Ea 23413

Berbekov,Ch. (Skizzen zur Geschichte der sowjetischen Kabardei, russ.:) Očerki istorii sovetskoj Kabardino-Balkarii. Moskau 1958. 159 S. III Ea 23452

Born,K.E.: Staat und Sozialpolitik seit Bismarcks Sturz. Ein Beitrag zur Geschichte d.innenpolit.Entwicklg d.dt.Reiches 1890-1914. Wiesbaden 1957. 256 S. II Ea 23352

Chalipov,N.A.: (W.I.Lenin über die entscheidende Rolle der Volksmassen in der Geschichte, russ.:) V.I.Lenin o rešajuščej roli narodnych mass v istorii. Moskau 1957. 107 S. III Ea 23454

Čistozvonov, A.N.: (Die niederländische bürgerliche Revolution des 16. Jahrhunderts, russ.:) Niderlandskaja buržuaznaja revoljucija 16 veka. Moskau 1958. 189 S. III Ea 23449

Doerr,H.: (Der Feldzug nach Stalingrad.Versuch eines operativen Überblickes, russ.:) Pochod na Stalingrad. Operativnyj obzor. (Übers.aus dem Dt.) Moskau 1957. 139 S. III Ea 23512

Durant,W.: Das Zeitalter des Glaubens. Eine Kulturgeschichte des christlichen, islamischen und jüdischen Mittelalters von Konstantin bis Dante (325-1300.) 2.Aufl. Bern 1956. 1211 S. V Ea 23647

(Der Kampf um die Errichtung und Festigung der Sowjetmacht in Daghestan von 1917-1921.Sammlg von Dokumenten u.Materialien, russ.:) Bor'ba za ustanovlenie i upročenie sovetskoj vlasti v Dagestane 1917-1921 gg. Sbornik dokumentov i materialov. Moskau 1958. 537 S. III Eb 948

Fadeev, A.V.: (Rußland und die östliche Krise in den 20 er Jahren des 19.Jahrhunderts, russ.:) Rossija i vostočnyj krizis 20ch godov 19. veka. Moskau 1958. 394 S. III Ea 23429

Gentzen,F.H.: Großpolen im Januaraufstand. Das Großherzogtum Posen 1858-1864. Berlin 1958. 328 S. I Ea 23384

Grinischin,D.: Die militärische Tätigkeit Wladimir Iljitsch Lenins. Berlin 1958. 490 S. I Ea 23408

Darstellungen und Quellen zur Geschichte der deutschen Einheitsbewegung im 19.und 20.Jahrhundert. Im Auftr.d.Gesellschaft f.burschenschaftl.Geschichtsforschg hrsg.v.P.Wentzcke. Bd 1. Heidelberg 1957. 256 S. II Ea 23474

Gubel'man,M.I.: (Der Kampf um den sowjetischen Fernen Osten, 1918-1922, russ.:) Bor'ba za sovetskij Dal'nij Vostok 1918-1922. Moskau 1958. 273 S. III Ea 23513

Hornung,K.: Der Jungdeutsche Orden. Düsseldorf 1958. 160 S. II Eb 939

(Das Jahr 1917 in Moskau, russ.:) 1917 god v.Moskve. Moskau 1957. 204 S. III Ea 23421

Die Juden und wir. Von H.Genschel u.a. Großburgwedel/Han. 1957. 79 S. II Ea 23324

Kalinin,M.I.: (Fragen des sowjetischen Aufbaus, russ.:) Voprosy sovetskogo stroitel'stva. Stat'i i reči. < 1916-1946.> Moskau 1958. 711 S. III Ea 23376

Kalinyčev, F.I.: (Die Reichsduma in Rußland, russ.:) Gosudarstvennaja duma v Rossii. Moskau 1957. 645 S. III Ea 23517

Kodshejkoff,D.;W.Hadshinikoloff;J.Jozoff: Die Geschichte der Gewerkschaftsbewegung in Bulgarien. Berlin 1958. 234 S. I Ea 23533

(Die konterrevolutionären Kräfte in den ungarischen Oktoberereignissen, russ.:) Konterevoljucionnye sily v vengerskich oktjabr'skich sobytijach. Moskau 1957. 154 S. III Ea 23435

Kotlov, L.N.: (Der nationale Freiheitsaufstand des Jahres 1920 im Irak, russ.:) Nacional' no-osvoboditel'noe vosstanie 1920 goda v Irake. Moskau 1958. 211 S. III Ea 23428

Krivoguz,I.M.;M.Steckevič: (Abriß der Geschichte der 1.und 2.Internationale, russ.:) Očerki istorii 1.i 2. internacionalov. Posobie dlja učitelej. Moskau 1958. 214 S. III Ea 23434

Kulisova,T.: (Kleine Festung Theresienstadt, tschech.:) Malá Pevnost Terezín. Prag 1955. 29 S. IV Ea 23386

(Lenin und die rote Armee,russ.:) Lenin i Krasnaja Armija. Moskau 1958. 86 S. III Ea 23422

Lenin,V.I.: (Über die 6.(Prager) Allrussische Konferenz der SDAPR, russ.:) O 6 (Pražskoj) vserossijskoj konferencii RSDRP. Moskau 1958. 118 S. III Ea 23443

Lenin,V.I.: (Entwurf der Statuten der SDAPR. Bericht über die Parteistatuten auf dem 2.Kongreß der SDAPR, russ.:) Proekt ustava RSDRP. Doklad ob ustave partii na 2. s-ezde RSDRP.K partii. Moskau 1958. 126 S. III Ea 23436

Lenin,V.I.: (Über die Ukraine, russ.:) Ob Ukraine. Kiew 1957. 752 S. III Ea 23437

Manhattan,A.: Der Vatikan und das 20.Jahrhundert. Berlin 1958. 400 S. I Ea 23470

(Materialien des Dezemberplenums des ZK der KPdSU 1957, russ.:) Materialy dekabr's kogo (1957 goda) plenuma CK KPSS. Moskau 1957. 29 S. III Ea 23462

Mediger,W.: Moskaus Weg nach Europa. Der Aufstieg Russlands zum europäischen Machtstaat im Zeitalter Friedrich des Grossen. Braunschweig 1952. 744 S. II Ea 23568

Meyer,E.: Geschichte des Altertums. Bd 2,Abt.1. Bd 4, Abt.1. Stuttgart 1953-1954. 2 Bde. Bd 2, Abt.1. Die Zeit der ägyptischen Großmacht. 3.Aufl.1953. 620 S. Bd 4, Abt.1. Das Perserreich und die Griechen bis zum Vorabend des Peloponnesischen Krieges. 5.Aufl. 1954. 909 S. II Ea 23567

Müller,K.A.von: Am Rand der Geschichte. Münchner Begegnungen und Gestalten. München 1958. 155 S. II Ea 23585

Modestov, V.: (Die Arbeiter-und Gewerkschaftsbewegung im Donbass vor der Großen Sozialistischen Oktoberrevolution, russ.:) Rabočee i profsojuznoe dviženie do Velikoj Oktjabr'skoj Socialističeskoj Revoljucii. Moskau 1957. 131 S. III Ea 23426

Pagel,K.: Die Hanse. Braunschweig 1952. 457 S. II Ea 23570

Papin,L.M.: (Der Zusammenbruch des Koltschak-Unternehmens und die Bildung der Fernöstlichen Republik, russ.:) Krach Kolčakovščiny i obrazovanie Dal'nevostočnoj Respubliki. Moskau 1957. 222 S.
III Ea 23457

Pavlov,V.I.: (Die Entstehung der indischen Bourgeoisie, russ.:) Formirovanie indijskoj buržuazii. Moskau 1958. 318 S.III Ea 23469

Pivec,K.: Die geschichtliche Funktion des alten Österreich in Europa. O.Gschließer: Von der Monarchie zur Republik in Österreich. Wien 1957. 40 S. V Ea 23293

Robbe,W.: Die Knappschaftsfessel von Mansfeld. Ein Beitrag zur Geschichte der Lage u.d.Kampfes d.dt.Arbeiterklasse in d.Zeit von 1850 bis 1900. Berlin 1958. 221 S. I Ea 23534

Rouse,R.;S.Ch.Neill: Geschichte der ökumenischen Bewegung. 1517-1948. T.1. Göttingen 1957. 556 S. II Ea 23546

Šabšina,F.I.: (Abriß der neuesten Geschichte Koreas, russ.:) Očerki novejšej istorii Korei.(1945-1953 gg.) Moskau 1958. 306 S.
III Ea 23423

Šaumjan,S.G.: (Ausgewählte Werke in zwei Bänden, russ.:) Izbrannye proizvedenija v dvuch tomach. (T.1). Moskau 1957.557 S.III Ea 23439

Ševčenko, I.I.: (Die kommunistische Partei der Ukraine im Kampf um die Festigung des Bündnisses der Arbeiter und Bauern, russ.:) Kommunističeskaja partija Ukrainy v borb'e za ukreplenie sojuza rabočich i krest'jan 1919-1920. Kiew 1957. 351 S. III Ea 23445

(Die Sozialdemokratie im polnischen Königreich und in Litauen, poln.:) Socjaldemokracja Królestwa Polskiego i Litwy. Materiały i dokumenty. T.1. Warschau 1957. 514 S. IV Ea 23522

Truman,H.S.: Year of decisions 1945. London 1955. 526 S.V Ea 23242

Truman,H.S.: Years of trial and hope 1946-1953. London 1956. 587 S.
V Ea 23243

Zetkin,K.: (Das Vermächtnis Lenins an die Frauen der ganzen Welt, russ.:) Zavety Lenina ženščinam vsego mira. Moskau 1958. 47 S.
III Ea 23447

Zmarzlik,H.G.: Bethmann Hollweg als Reichskanzler 1909-1914.Studien zu Möglichkeiten u.Grenzen seiner innerpolit.Machtstellung Düsseldorf 1957. 160 S. II Eb 940

6.Politik

Ausschuß für Deutsche Einheit. Information. Aktionszentrum zur psychologischen Kriegführung. Berlin 1958. 7 S. I Eb 500

Brandt,L.: Die 2.industrielle Revolution. [Im Anh.: Atomplan der SPD.] Bonn 1956. 36 S. II Ea 23305

(Die 1.Konferenz der Kommunistischen Partei Albaniens, alban.:) Konferenca e pare e vendit e partise komuniste shqiptare. Tirana 1958. 20 S. IV Ea 23524

Ausschuß für Deutsche Einheit. Information. Korruption - ein Wesensmerkmal des Bonner Systems. Berlin 1958. 15 S. I Eb 500

Ausschuß für Deutsche Einheit. Zur Landtagswahl in Bayern. Berlin 1958. 37 S. I Eb 500

Ausschuß für Deutsche Einheit. Information Materialien zur kulturellen Entwicklung in Westdeutschland. Berlin 1958. 17 S. I Eb 500

Ausschuß für Deutsche Einheit. Information. Die Notlage der Umsiedlerbauern das Bauernlegen geht weiter. Berlin 1958. 7 S. I Eb 500

Ausschuß für Deutsche Einheit. Information. Die neue Regierung in Nordrhein-Westfalen. Berlin 1958. 6 S. I Eb 500

Ausschuß für Deutsche Einheit. Information. Republikflüchtige - Opfer des Kalten Krieges. Berlin 1958 9 S. I Eb 500

(Statuten der Albanischen Partei der Arbeit, alban.:) Statuti i partise se punes se punes se shqiperise. Aprovuar nga Kongresi 3 i P. P. SH. Tirana 1956. 31 S. IV Ea 23525

Ausschuß für Deutsche Einheit. Information. Was brachte die Tagung des Kuratoriums "Unteilbares Deutschland"? Berlin 1958. 5 S. I Eb 500

Ausschuß für Deutsche Einheit. Information. Volksnotstand in der Bundesrepublik. Berlin 1958. 22 S. I Eb 500

Ausschuß für Deutsche Einheit. Information. Zum Wahlergebnis in Nordrhein-Westfalen. Berlin 1958. 9 S. I Eb 500

Ausschuß für Deutsche Einheit. Information. Das Wahlergebnis in Schleswig Holstein. [Analyse] Berlin 1958. 7 S. I Eb 500

Ausschuß für Deutsche Einheit. Information. Wiedervereinigung nur über Verhandlungen der beiden deutschen Staaten. E.Dokumentation über d.Reaktion d.westdt.Öffentlichkeit zu d.Friedensvorschlägen der Reg.der DDR. Berlin 1958. 31 S. I Eb 500

II.RECHTSWISSENSCHAFT

1.Gesetzesmaterialien und Dokumente (auch Verfassungen und Kurzkommentare)

Das Abkommen über die Errichtung einer Internationalen Ruhrbehörde. Mit d.Wortlaut d.dazu gehörigen amtl.Verlautbarung. Engl.u. franz.amtl.Text mit dt.Übers. Hrsg.v.d.Regierung d.Landes Nordrhein-Westfalen. Düsseldorf 1949. 44 S. II Eb 952

Dienstanweisung für die Standesbeamten und ihre Aufsichtsbehörden. DA. Neufassg 1958. Frankfurt a.M., Berlin,Hamburg,München 1958. 287 S. II Ea 23561

(Entwurf des Gesetzes über die Schuldverhältnisse zwischen sozialistischen Betrieben, tschech.:) Osnova zákona o závazkových vztazích mezi socialistickými organisacemi. Prag 1958. 61,29 S. IV Eb 1003

Das polnische Erbrecht mit den Einführungsvorschriften nach dem Stand vom 1.Juli 1957,übers.u.eingel.von W.Harbich.Berlin 1957. 55 S. II Ea 23280

Die Europäische Atomgemeinschaft. Wortlaut d.Vertr.z.Gründg d.Europ. Atomgemeinsch. (Euratom) mit Anh.u.Erl.durch d.Bundesreg.u.Ratifizierungsges.Einf.von H.Rieber. Baden-Baden, Frankfurt/M. 1957. 223 S. II Ea 23401

Feneberg,H.;A.Simader: Personenstandsgesetz mit Ausführungsverordnung. Handkommentar. München 1958. 167 S. II Ea 23637

(Finnische Gesetze, finn.:) Suomen laki.1. Toimittaja (Hrsg.) Ailio. Helsinki 1957. 1520 S. V Ea 23539

(Das Gerichtsverfassungsgesetz der UdSSR sowie der Unions- und Autonomen Republiken, russ.:) Zakon o sudojstrojstve SSSR, sojuznych i avtonomnych respublik. Moskau 1957. 31 S. III Ea 21404

Handbuch zum Gesetz zur Verbesserung der wirtschaftlichen Sicherung der Arbeiter im Krankheitsfalle vom 26.Juni 1957. ... Anltg z.Berechng d.Krankengeldzuschusses. Ausgabe f.d.Arbeitgeber.(Im Anh.: Tabelle der Deputate) 10.Aufl. 2.Ausg. Hannover 1958. 40 S. II Ea 23634

Hofmann,P.;F.Kershing: Rechtspflegergesetz. Gesetz üb.d.Maßnahmen auf d.Gebiete d.Gerichtsverfassung u.d.Verfahrensrechts v.8.Febr. 1957. Berlin 1957. 318 S. II Ea 23635

Koch: Krankenpflegegesetz. Gesetz über die Ausübung des Berufs der Krankenschwester, des Krankenpflegers und der Kinderkrankenschwester. Köln, Berlin 1958. 110 S. II Ea 23582

Linkhorst,K.: Gesetzliche Bestimmungen über Wohnungsbaugenossenschaften. Arbeiterwohnungsbaugenossenschaften u.gemeinnützige Wohnungsbaugenossenschaften. Berlin 1958. 179 S. I Ea 23611

Meitz,W.: Allgemeines Polizeirecht in Theorie und polizeilicher Praxis. Bearb. 2.Aufl. Lübeck 1957. 88 S. II Ea 23165

Mitzschke,G.;K.Schäfer: Kommentar zum Bundesjagdgesetz vom 29.November 1952. 2.Aufl. Hamburg, Berlin 1957. 587 S. II Ea 23549

Petters,W.: Strafgesetzbuch mit Erläuterungen und Beispielen sowie den wichtigsten Nebengesetzen u.je e.Anh.über Jgdstrafrecht u.Jgdschutz, Verkehrsstrafrecht, Ordngswidrigkeiten u.Strafprozeßrecht. 24. Aufl. Berlin, München 1957. 426 S. II Ea 23624

Rosenthal,H.: Bürgerliches Gesetzbuch. Gemeinverständl. erl.unter bes.Berücks.d.Rechtsverhältnisse d.tägl. Lebens. Neu bearb.v. B. Kamnitzer u.H.Bohnenberg. 14.Aufl.u.Erg.H. T.1-2. Köln, Berlin 1953. T.1: Gesetzestext mit Erl. 1040 S. T.2: Anhänge. 704 S. Erg.H. Gleichberechtigungsgesetz u.Bürgerliches Gesetzbuch. II Ea 23583

Schmidt-Schlegel,Ph.: Das Staatsangehörigkeitsrecht von Brasilien u.Chile. Frankfurt a.M., Berlin 1957. 208 S. II Ea 23388

Seeler, H.J.: Das Staatsangehörigkeitsrecht Österreichs. Frankfurt/M. Berlin 1957. 188 S. II Ea 23402

Seerechtliche Gesetze und Verordnungen. Zsgest.u.bearb.von H.Kuhl. Textausg. mit Kennworten u.Anm. 5.vollst.neubearb.Aufl. Hamburg 1958. 464 S. II Ea 23286

Ternäben,W.: Handbuch der Atomwirtschaft. Nutzung der Atomenergie für friedliche Zwecke. Hrsg.unter Mitarb.d.Südwestfäl.Industrie-u. Handelskammer zu Hagen. Bearb.u.komm.nach d.Ges.,Verordng, Bekanntm. u.Erl.auf d.gesamten Gebiet d.Atomenergie. Hagen 1956 ff. (Loseblattausg.) II Ea 23542

Verordnung über die weitere Verbesserung der Arbeits-u.Lebensbedingungen der Arbeiter u.der Rechte der Gewerkschaften, vom 10.12.1953. Berlin 1958. 203 S. I Ea 23385

Zinkahn,W.;H.Leutz: Luftschutzrecht. Kommentar. München, Berlin 1955. Loseblattsammlung. II Ea 23482

Zivilprozeßordnung. (Anh.:) ZVG, GVG, Rechtsverkehr mit d.Ausland, GKG, BRAGebO mit Erg. u. Durchfhrgsvorschr. Textausg. mit Verw.u. Sachverz. 33.neubearb.Aufl. Stand vom 15.11.1957. München, Berlin 1958. 774 S. II Ea 23369

Zivilprozeßordnung der Föderativen Volksrepublik Jugoslawien. Übers.u.eingel.v.H.W.Poll. Berlin 1957. 129 S. III Ea 23658

2.Rechtswissenschaft allgemein

(Arbeiten der wissenschaftlichen Tagung, die dem 40.Jahrestag der Großen Sozialistischen Oktoberrevolution gewidmet sind, russ.:) Trudy naučnoj sessii posvjaščennoj sorokaletiju Velikoj Oktjabr'skoj socialističeskoj revol'jucii. Vyp. 1-3. Moskau 1958. 3 Bde III Ea 21495

(Fragen der Kodifikation des sowjetischen Rechts, russ.:) Voprosy kodifikacii sovetskogo prava. Vyp. 2 Leningrad 1957. 118 S. III Ea 21196

3.Staats-und Rechtstheorie

Beckel,A.: Unser Staat und die Macht der Interessenverbände. Augsburg 1958. 26 S. II Ea 23640

Gregorowicz,J.: (Grundriß der Logik für Juristen, poln.:) Zarys logiki dla prawników. Wyd. 2. Lodz 1956. 133 S. I Ea 23531

Hippel,F.von: Recht, Sittlichkeit und Religion im Aufbau von Sozialordnungen. Tübingen 1958. 45 S. II Ea 23507

Nell-Breuning,O.von.;H.Sacher: Zur christlichen Staatslehre. Hrsg. 2.,überarb.u.erw.Aufl. Freiburg i.Br. 1957. 210 Sp. II Eb 933

4.Geschichte der Staats-und Rechtstheorie

Bohatec,J.: England und die Geschichte der Menschen- und Bürgerrechte. Drei nachgelassene Aufs. Hrsg. v.O.Weber. Graz, Köln 1956. 136 S. V Ea 23354

Burda,A.: (Die Methode und der allgemeine Charakter der politischen Doktrin J.J. Rousseaus, poln.:) Metoda i ogólny charakter doktryny politycznej J.J.Rousseau. Lublin 1954. 46 S. IV Ea 21447

Friš,A.S.: (Die russischen revolutionären Demokraten über die historische Rolle der Volksmassen, russ.:) Russkie revoljucionnye demokraty ob istoričeskoj roli naroda. Moskau 1958. 39 S.III Ea 21888

Gablentz,O.H.von der: Die politischen Theorien seit der französischen Revolution. Köln, Opladen 1957. 247 S. II Ea 23649

Hollerbach,A.: Der Rechtsgedanke bei Schelling. Quellenstudien zu seiner Rechts- u.Staatsphilosophie. Frankfurt/M. 1957. 353 S. II Ea 23321

Moebus,G.: Die politischen Theorien von den Anfängen bis zu Machiavelli. Köln, Opladen 1958. 217 S. II Ea 23648

Rabe,H.: Naturrecht und Kirche bei Samuel von Pufendorf. Tübingen 1958. 96 S. II Ea 23476

Sidorov,M.I.: (G.W.Plechanow und die Fragen der russischen revolutionär-demokratischen Ideen des 19.Jahrhunderts, russ.:) G.V.Plechanov i voprocy istorii russkoj revoljucionno-demokratičeskoj mysli 19 v. Moskau 1957. 146 S. III Ea 23444

5.Staats-und Rechtsgeschichte

Aubenas,R.: Cours d'histoire du droit privé. Anciens pays de droit ecrit. T.1-5. Paris 1956. 5 Bde V Eb 927

Corpus Juris Civilis.Vol.1,2,3, 3 Bde.Berlin 1954. Bd 1: 957 S. Bd 2: 513 S. Bd 3: 810 S. II Eb 958

Broggini,G.: Iudex arbiterve. Prolegomena zum Officium des römischen Privatrichters. Köln, Graz 1957. 255 S. II Ea 23555

Falkenstein,A.: Die neusumerischen Gerichtsurkunden. T.1-3. München 1956. 3 Bde Bd 1: Einleitung u.systemat.Darst. 153 S. Bd 2: Umschrift, Übers.u.Kommentar. 398 S. Bd 3: Nachtr.u.Berichtigungen, Indizes u. Kopien. 178 S. II Eb 928

Flach,W.: Die Schöffenspruchsammlung der Stadt Pößneck T.2. Studien über die Entstehung und die landesgeschichtliche Bedeutung der Sammlung . Weimar 1958. 147 S. I Ea 19305

Gierke,J.von: Neues über Johannes Althusius. Berlin, Köln 1957. 29 S. II Ea 23179

Die Interpretatio zu den Paulussentenzen. Hrsg.v.M.Kaser u.F. Schwarz. Köln, Graz 1956. 62 S. II Ea 23537

Klebel,E.: Probleme der Bayerischen Verfassungsgeschichte. Gesammelte Aufsätze. München: Beck 1957. VIII, 484 S, II Ea 23646

Mayer,E.: Die rechtliche Behandlung der Empörer von 1525 im Herzogtum Württemberg. Ein Beitr.zur Rechtsgesch.d.sog."Deutschen Bauernkrieges". Mit archival.Beitr. Mit e.Einführg.von H.E.Feine. Tübingen 1957. 86 S. II Ea 23359

Novickij,I.B.: (Die Geschichte d.sowjetischen Zivilrechts, russ.:) Istorija sovetskogo graždanskogo prava. Moskau 1957. 310 S. III Ea 23378

Pactus legis salicae. Hrsg. v.K.A.Eckhardt.Bd 1.2.2.2 Bde Göttingen, Berlin, Frankfurt 1954-1956. Bd 1: 287 S. Bd 2,2: S.361-612.
II Ea 1170

Rau,W.: Staat und Gesellschaft im alten Indien. Nach d.Brahmana-Texten dargest. Wiesbaden 1957. 137 S. II Ea 23398

Winkler, Th.: Johann Gottfried Frey, und die Entstehung der preussischen Selbstverwaltung. Neu-Ausg. aus Anl.d.200.Geb.d.Reichsfreiherrn vom Stein. Mit e.Geleitw.von H.Rothfels. Stuttgart 1957. 189 S.
II Ea 23137

6.Völkerrecht und Außenpolitik

Arkad'ev, N.: (Die Abrüstung - der Weg zum Frieden, russ.:) Razoruzenie - put'k miru. Moskau 1958. 61 S. III Ea 23207

(Über die Einstellung der Versuche mit Atom-und Wasserstoffbomben, russ.:) O prekraščenii ispytanij atomnogo i vodorodnogo oružija. Moskau 1958. 70 S. III Ea 23459

Materialien zur Außenministerkonferenz in Genf. August 1955. Bonn 1955. 38 S. II Ea 23030

(Fragen der Außenpolitik der UdSSR und der gegenwärtigen internationalen Beziehungen, russ.:) Voprosy vnešnej politiki SSSR i sovremennych meždunarodnych otnošenii. < Sbornik statej.> Moskau 1958. 349 S. III Ea 23438

Beck,R.: Verdict on Schacht. A study in the problem of political "guilt". Tallahassee 1955. 201 S. V Ea 23273

Calvocoressi,P.;C.Bell: Survey of internationale affairs 1953. London 1956. 400 S. V Ea 9015

Chalabi,H.A.H.: La legitime Defense en droit international. Kairo 1952. 271 S. Kairo, Jur.Fak.,Diss.v.26.6.1952. V Ea 21512

Association Internationale des Juristes Démocrates. Contribution à létude des problèmes du désarmement. Brüssel 1958. 98 S.
V Ea 21509

El-Erian,A.A.: Condominium and related situations in international law. With special reference to the dual administration of the Sudan and the legal problems arising out of it. Kairo 1952. 163 S.
V Ea 21520

(Fragen des internationalen Rechts in Theorie und Praxis der USA, russ.:) Voprosy meždunarodnogo prava v teorii i praktike SŠA. Pod. red.E.A.Korovina. Moskau 1957. 194 S. III Ea 23442

(Wissenschaftliche Schriften. Geschichte der internationalen Beziehungen,Geschichte des Auslandes, russ.:) Učenye zapiski. Istorija meždunarodnych otnošenij, istorija zarubeznych stran. Moskau 1957. 258 S. III Ea 23464

Gould,W.L.: An Introduction to international law. New York 1957. 809 S. V Ea 23285

Hampe,E.: (Im Spannungsfeld der Luftmächte, russ.:) V silovom pole velikich aviacionnych deržav. (Übers.aus dem Dt.) Moskau 1958. 78 S. III Ea 23523

Isbert,O.A.: Indien und wir. Die dt.-ind.Begegnung. Bad Godesberg 1957. 59 S. II Ea 23338

Ivanov,L.N.: (Abriß der internationalen Beziehungen während des 2. Weltkrieges, russ.:) Očerki meždunarodnych otnošenij v period vtoroj mirovoj vojny (1939-1945 gg.) Moskau 1958. 273 S. III Ea 23430

Katz,F.: Gespaltenes Denken im Atomzeitalter. Betrachtgn z. "Armee und Soldat im Atomzeitalter". (Karlsruhe 1957. 213 S.) Bad Godesberg 1958. 16 S. II Ea 23478

Kejlin,A.D.: (Gerichtswesen und Zivilprozeß in den kapitalistischen Staaten, russ.:) Sudoustrojstvo i graždanskij process kapitalističeskich gosudarstv. Cast' 2. Graždanskij process. Moskau 1958. 358 S. III Ea 23622

Keruma,A.: (Die aufständischen Araber im Kampf um Port Said,russ.:) Vosstavsie Araby v bitve za Port-Said. Moskau 1958. 148 S. III Ea 23424

Krüger,H.: Schwedische Neutralität heute. Lübeck 1958. 86 S. II Ea 23499

Krylov,S.B.: (Der internationale Gerichtshof der Organisation der Vereinten Nationen, russ.:) Meždunarodnyj sud organizacii ob-edin jennych nacii. Moskau 1958. 166 S. III Ea 23441

Logunov,V.D.: (Das gegenwärtige internationale Rechtsverhältnis an der Donau, russ.:) Sovremennyj meždunarodno-pravovoj režim Dunaja. Moskau 1958. 150 S. III Ea 23515

Modžorjan,L.A.: (Die Subjekte des internationalen Rechts, russ.:) Sub-ekty meždunarodnogo prava. Moskau 1958. 155 S. III Ea 23451

Mosler,H.: Das Völkerrecht in der Praxis der deutschen Gerichte. Vortrag, geh.vor d.Jurist.Studiengesellschaft in Karlsruhe am 8.März 1957. Karlsruhe 1957. 48 S. II Ea 23353

Petrov,V.F.: (Der Auslandsdienst Großbritanniens, russ.:) Zagraničnaja služba Velikobritanii. Moskau 1958. 145 S. III Ea 23259

Schwarzenberger,G.: International Law. 3rd ed.Vol.1. International law as applied by international courts and tribunals: I. London 1957. 808 S. V Ea 23330

Schwarzenberger,G.: The Legality of nuclear weapons. London 1958. 70 S. V Ea 23327

Trempont,J.: L'Unification de l'Europe. Conditions et limites. Préf.de P.van Zeeland. Amiens, Bruxelles 1955. 418 S. V Ea 23328

Zadorožnij,G.P.: (Die äußere Funktion des gegenwärtigen imperialistischen Staates, russ.:) Vnešniaja funkcija sovremennogo imperialističeskogo gosudarstva. Moskau 1958. 325 S. III Ea 21499

Die Zusammenschlüsse und Pakte der Welt auf politischem, militärischem und wirtschaftlichem Gebiet. 3.neubearb.Aufl. Stand: 1.Mai 1958. Zusgest.v.H.Siegler u.H.Vornefeld. Bonn, Wien, Zürich 1958. 58 S. II Eb 949

7.Staatsrecht

Böckenförde,W.: Der allgemeine Gleichheitssatz und die Aufgabe des Richters. Ein Beitr.zur Frage d.Justitiabilität von Art.3 Abs.1 d. Bonner Grundges. Berlin 1957. 90 S. II Ea 23288

Dadiani,L.J.: (Der Staatsaufbau Österreichs, russ.:) Gosudarstvennyj stroj Avstrii. Moskau 1958. 86 S. III Ea 23453

Fedorov,S.G.: (Das Zweiparteiensystem im Staatsapparat des heutigen Großbritannien, russ.:) Dvuchpartijnaja sistema v gosudarstvennom mechnisme sovremennoj Velikobritanii. Moskau 1957. 230 S. III Ea 23463

Gagel,W.: Die Wahlrechtsfrage in der Geschichte der deutschen liberalen Parteien 1848-1918. Hrsg.von d.Komm.f.Gesch.d.Parlamentarismus u.d.polit.Parteien. Düsseldorf 1958. 196 S. II Eb 937

Wie die Gemeindevolksräte ihre Arbeit organisieren. Bukarest 1956. 105 S. IV Ea 23205

Gromyko,A.: (Der Kongreß der USA, russ.:) Kongress SŠA. Moskau 1957. 189 S. III Ea 23412

Herzfeld,H.: Demokratie und Selbstverwaltung in der Weimarer Epoche. Stuttgart 1957. 51 S. II Ea 23136

(Das unabhängige Indien,russ.:) Nezavisimaja Indija. 10 let nezavisimosti 1947-1957. Sbornik statej. Moskau 1958. 198 S. III Ea 23509

Islamov,N.u.a.: (Die tadshikische SSR, russ.:) Tadžikskaja SSR. Moskau 1958. 193 S. III Ea 23415

Lichodedov,F.M.: (Der sozialistische Sowjetstaat, russ.:) Sovetskoe socialističeskoe gosudarstvo. Moskau 1957. 127 S. III Ea 23420

Livre blanc sur le procès du Parti Communiste Allemand. Paris 1955. 234 S. V Ea 23365

Ludwig,W.: Regierung und Parlament im Frankreich der 4.Republik. Würzburg 1956. 123 S. II Ea 23481

Mišin,A.A.: (Der Staatsaufbau der USA, russ.:) Gosudarstvennyj stroj SŠA. Moskau 1958. 99 S. III Ea 23450

Pak,M.N.: (Die Koreanische Volksrepublik auf dem Wege zum Sozialismus, russ.:) Korejskaja Narodno-Demokratičeskaja Respublika na putjach k socializmu. Moskau 1958. 47 S. III Ea 21508

Preti,L.: Il governo nella costituzione italiana. Milano 1954. 220 S. V Ea 19965

Quigley,H.S.;J.E.Turner: The new Japan. Government and politics. Minneapolis 1956. 456 S. V Ea 23336

Schloohauer, H.J.: Öffentliches Recht. Grundzüge d.Bundesstaatsrechts u.d.allg. Verwaltungsrechts in d. DBR unter Berücksichtigung d.Verbindung zum Völkerrecht. Karlsruhe 1957. 269 S. II Ea 23489

Tumanov,P.V.: (Die Art und Weise der Organisierung und Durchführung der Wahlen in den Obersten Sowjet der UdSSR, russ.:) Porjadok organizacii i provedenija vyborov v verchovnyj sovet SSSR. Moskau 1958. 29 S. III Ea 21403

Ulbricht,W.: Die Entwicklung des deutschen volksdemokratischen Staates. 1945-1958. Berlin 1958. 691 S. I Ea 23615

Die Volksräte - Sachwalter und Förderer der Volkslegalität. Bukarest 1955. 100 S. IV Ea 23048

Der Volksratsabgeordnete und die Formen seiner Tätigkeit. Bukarest 1955. 98 S. IV Ea 23047

Ausschuß für Deutsche Einheit. Information. 106 Vorschläge der Deutschen Demokratischen Republik zur Wiedervereinigung. Berlin 1958. 47 S. I Eb 500

Die Wahl zum 3.Deutschen Bundestag am 15.September 1957. H.1. Allgemeine Wahlergebnisse nach Ländern und Wahlkreisen. Stuttgart 1957. 97 S. II Eb 943

Žjugžda,R.;A.Smirnov: (Die Litauische SSR, russ.:) Litovskaja SSR. Moskai 1957. 182 S. III Ea 23427

8.Verwaltungsrecht

Dippel,H.: Standesamt und Standesamtführung. Eine erste Einführung für den neuernannten Standesbeamten. 3.Aufl. Frankfurt/M.,Berlin, Hamburg, München 1958. 135 S. II Ea 23588

Ehlermann,C.D.: Wirtschaftslenkung und Entschädigung. Heidelberg 1957. 160 S. II Ea 23249

Elle,O.: Zur Entwicklung der allgemeinen polizeilichen Aufgaben und Befugnisse. Berlin 1958. 189 S. I Ea 23614

Estatuto organico de la estadistica nacional. Bogotà 1945. 362 S. V Ea 21466

Ipsen,H.P.: Die Rundfunkgebühr. Hamburg 1953. 41 S. II Ea 23558

Landmann;Giers;Proksch: Allgemeines Verwaltungsrecht. Düsseldorf 1957. 320 S. II Ea 23315

Osman,O.K.: Le Problème de la décentralisation et les conseils provinciaux en Egypte. < Etude de droit comparé.> Le Caire 1946. 454 S. Kairo, Jur.Fak.,Diss.v.3.5.1939 V Eb 1013

Ausschuß für Deutsche Einheit. Information. Das Schulwesen in Westberlin.Berlin 1958. 21 S. I Eb 500

Was zahlt der Bund seinen Beamten und Soldaten? Kurzgef.in Tab.von W.Eckert. 3.Aufl. Köln, Bonn, Berlin 1957. 7 Bl. II Eb 929

Žudro,A.K.: (Die gesetzliche Regelung der Tätigkeit der Handelshäfen der UdSSR, russ.:) Pravovoe regulirovanie dejatel'nosti morskich torgovych portov SSSR. Moskau 1957. 158 S. III Ea 23440

9.Finanz-,Steuer-und Preisrecht

Ibrahim,M.F.: L'Assujettissement des sociétés anonymes en Egypte aux impôts sur le revenu. < Etude de droit comparé.> Kairo 1954. 504 S. Kairo, Jur.Fak., Diss.v.30.12.1952 V Eb 1014

Lohse, R.: Die Zollpolitik vom westalliierten Außenhandel zum "Gemeinsamen Markt". Berlin 1958. 307 S. I Ea 23409

Shafei, M.Z.: Price level stabilization through central bank control of money. A study of alternative monetary rukes and of the effectiveneess of central banking policy in their implementation. Kairo 1950. 331 S. V Ea 21510

Stoye,W.: Moloch Steuerstaat. München 1958. 64 S. II Ea 23536

Weil,T.: Grundstücksschätzung. 5.Aufl. Düsseldorf 1958. 249 S. II Ea 23565

10.Strafrecht, Strafprozeß

Azzali,G.: Contributo alla teoria della causalità nel diritto penale. Milano 1954. 187 S. V Ea 19960

Besson,A.: Cours de droit pénal, réd.d'après les notes et avec l'autorisation. Capacité 1 re année 1955-1956. Paris 1956. 321 S. V Ea 19961

Bockelmann, P.: Strafrechtliche Untersuchungen. Göttingen 1957. II Ea 23037

Furmankiewicz,H.;M.Majster;L.Penner: (Urteils-und Revisionsakte, poln.:) Akty oskarzenia i rewizje. Zasady sporzadzania i przyklady. Wyd.2. Warszawa 1957. 166 S. IV Ea 23532

Hellmer,J.: Erziehung und Strafe. Zugl.e.Beitrag zur jugendstrafrechtl.Zumessungslehre. Berlin 1957. 292 S. II Ea 23218

Hentig,H.von: Probleme des Freispruchs beim Morde. Tübingen 1957. 64 S. II Ea 23032

Hentig,H.von: Zur Psychologie der Einzeldelikte. 3. Der Betrug. Tübingen 1957. 221 S. II Ea 9164

Hosni,N.: Le Lien d causalitié en droit pénal. Kairo 1955. 319 S. V Ea 21521

Jagusch,H.: Die Praxis der Strafzumessung. Systemat.Darstllg d. Strafzumessungsgründe anhand d.höchstrichterl.Rechtsprechung. Berlin 1956. S.87-122. II Ea 23167

Internationales Colloquium über Kriminologie und Strafrechtsreform. (26./27.Juni 1957) Hrsg. H.Jeschek u.T.Würtenberger. Freiburg i.Br. 1958. 132 S. II Ea 23564

Jugendkriminalität. Vorträge d.Internat.Kongresses über Probleme d. Jugendkriminalität. (24.bis 27.Juli 1950) Hrsg.F.Schneider. Salzburg 1952. 256 S. V Ea 23370

Beiträge zur Statistik des Landes Nordrhein-Westfalen. Die Kriminalität in Nordrhein-Westfalen. 1955. Düsseldorf 1957. 145 S. II Eb 930

Lingemann,H.;D.L.von Hinüber: Strafverfahrensrecht und Strafvollstrekkungsrecht. 80.-84. Aufl. Düsseldorf, Stuttgart 1950. 155 S. II Ea 23547

Märtin,H.: Der Großstadtjugendliche und das Problem seiner Straffälligkeit. Eine sozialpsycholog.Studie. Berlin 1951. 204 S. II Ea 23337

Mendel'son,G.A.;J.M.Tkačevskij: (Die strafrechtliche Verantwortlichkeit für kleine Unterschlagungen von staatlichem und gesellschaftlichem Eigentum, russ.:) Ugolovnaja otvetstvennost'za melkoe chiščenie gosudarstvennogo i obščestvennogo imuščestva. Moskau 1958. 146 S. III Ea 23467

Les quatres Rapports généraux. Prés.au congrès d'Athènes.< 26.Sept.-2.Okt.1957.> (7e Congrès International de Droit Penal) Athen 1957. 249 S. V Ea 21472

Rivlin,A.L.: (Urteilsüberprüfung in der UdSSR, russ.:) Peresmotr prigovorov v SSSR. Moskau 1958. 308 S. III Ea 23433

Schmidhäuser,E.: Gesinnungsmerkmale im Strafrecht. Tübingen 1958. 276 S. II Ea 23311

Schmitt,R.: Strafrechtliche Maßnahmen gegen Verbände. Gleichzeitig e.Beitr. z.Lehre v.d.strafrechtl.Unrechtsfolgen. Stuttgart 1958. 238 S. II Ea 23389

Schweikert,H.: Die Wandlungen der Tatbestandslehre seit Beling. Karlsruhe 1957. 164 S. II Ea 23391

Shawi,T.M.el: Théorie générale des perquisitions en droit pénal français et Egyptien. Kairo 1950. 178 S. Kairo, Jur.Fak., Diss.v. Dezember 1949 V Ea 21523

11.Kriminalistik,Gerichtliche Medizin,Gerichtspsychiatrie,-psychologie

Höllrigl,K.: Kriminalistische Aphorismen und Erkenntnisse. Hamburg 1958. 52 S. II Ea 23632

Julier,M.: Die polizeiliche Untersuchung von Verkehrsunfällen. 3.,verm.u.verb.Aufl. Berlin 1957. 294 S. II Ea 23407

LeMoyne Snyder: Morduntersuchung. Ein Handb.über Kapitalverbrechen u.d.Aufklärungsmethoden. Bearb.u.erg.von E.Kühn u.B.Taschen. Hamburg o.J. 398 S. II Ea 23393

Nass,G.: Erforschung der Täterpersönlichkeit im Ermittlungsverfahren. Köln,Berlin 1958. 48 S. II Ea 23575

Trockel,H.: Die Rechtswidrigkeit klinischer Sektionen.Eine Frage der Rechtswissenschaft u.d.Medizin. Berlin 1957. 163 S. II Ea 23477

12.Gerichtsverfassung(einschließlich Staatsanwaltschaft, Justizverwaltung,Notariat,Anwaltschaft)

Ausschuß für Deutsche Einheit. Information. 600 Nazi-Juristen im Dienste Adenauers. Berlin 1958. 22 S. I Eb 500

13.Zivilrecht

Berens,P.;M.Urbanus: Rechtsgeschäfte und Verträge des Alltags. Ein Leitfaden des Rechts zum Gebrauch in Schule und Praxis. Köln-Braunsfeld 1958. 159 S. II Ea 23556

Carl,H.: Vertragshandbuch für Brauerei und Mälzerei. 3.Aufl. Nürnberg 1956. 268 S. II Ea 23586

Enneccerus,L.;T.Kipp;M.Wolff: Lehrbuch des bürgerlichen Rechts. Bd 2. Recht der Schuldverhältnisse. Tübingen 1958. II Ea 23608

Forchielli,P.: I contratti reali. Milano 1952. 186 S. V Ea 21462

Forstmann,W.: Wie weit ist der Erfolg des Familienheimgedankens von sozialpädagogischen Einwirkungen abhängig? Tübingen 1958. 69 S. II Ea 23557

Gény,F.: Science et technique en droit privé positif. Nouvelle contribution à la critique de la méthode juridique. P.1-4. Paris 1957. 4 Bde V Ea 23473

Hellmer, J.: Systematik des Bürgerlichen Rechts und angrenzender Gebiete. Berlin 1958. 124 S. II Ea 23496

14.Urheber-und Erfinderrecht

Bappert,W.: Rechtsfragen des Buchhandels. Abhandlungen, Gutachten u. Vertragsmuster aus d.Verlags-,Buchhandels-u.Pressewesen sowie Urheber-u.Wettbewerbsrecht. 2.neubearb.u.erg.Aufl. Frankfurt/M.1958. 440 S. II Ea 23355

Roeber,G.;J.W.Werhahn: Das Tonband und seine Stellung im Recht. Baden-Baden 1957. 52 S. II Ea 23400

15.Vertragssystem und vertragsgerichtliches Verfahren

Hemmerling,J.: Vertragspflicht u.Vertragsabschluß im Vertragsgesetz. Berlin 1958. 157 S. I Ea 23380

Jaičkov,K.K.: (Der Vertrag über den Eisenbahngüterverkehr nach sowjetischem Recht, russ.:) Dogovor železnodorožnoj perebozki gruzov po sovetskomu pravu. Moskau 1958. 287 S. III Ea 23425

16.Handelsrecht,Wertpapierrecht,Kartell-und Wettbewerbsrecht

Awad,A.M.G.: La Responsabilité du propriétaire du navire en droit comparé. Kairo 1955. 223 S. Kairo, Jur.Fak.,Diss.v.9.12.1953 V Ea 21514

17.LPG-Recht,Bodenrecht,Landwirtschaftsrecht

Osad'ko,M.P.: (Das sozialistische System der Landwirtschaft, russ.:) Socialističeskaja sistema sel'skogo chozjajstva. Moskau 1958. 91 S. III Ea 23518

Ries,L.W.: Die Bäuerin. Aufgaben und Stellung der ländlichen Frau in Familie und Betrieb. Stuttgart 1957. 162 S. II Ea 23577

Turubiner,A.M.: (Das staatliche Grundeigentumsrecht in der Sowjetunion, russ.:) Pravo gosudarstvennoj sobstvennosti na zemlju v Sovetskom Sojuze. Moskau 1958. 329 S. III Ea 23520

18.Familienrecht

Pfab,J.: Aufhebung der ehelichen Lebensgemeinschaft nach göttlichem, kirchlichem und bürgerlichen Recht. Salzburg 1957. 235 S. V Ea 23538

Plank,K.: (Die vermögensrechtlichen Beziehungen in der Familie, tschech.:) Majetkoprávne vzťahy v rodine. Bratislava 1957. 414 S. IV Ea 21478

19.Zivilprozeß und Freiwillige Gerichtsbarkeit

Badr,A.M.: Le Concordat préventif de la faillite dans le droit Egyptien.< Etude de doctrine, de jurisprudence et de droit comparé.> Kairo 1945. 290 S. Kairo, Jur.Fak.,Diss.v.14.12.1944 V Eb 1015

Eisemann,F.;E.Mezger;J.Schottelius: Internationale Schiedsgerichtsbarkeit in Handelssachen. Frankfurt/M.,Berlin 1958. 85 S. II Ea 23387

Wagemeyer,H.: Der gesetzliche Parteiwechsel und die Prozeßstandschaft des § 265 ZPO. Mainz 1954. 108 S. II Ea 23361

20.Arbeits-und Sozialrecht incl.Verfahren

Dietz,R.: Rechtsgutachtliche Äußerung zu der Frage, ob Art. 3 Absätze 2 und 3 des Grundgesetzes für die Bundesrepublik Deutschland der Berücksichtigung einer geringeren Wertigkeit von Frauenarbeit gegenüber der Männerarbeit sowie einer typisch geringeren sozialen Belastung der Frau gegenüber dem Mann bei der Aufstellung einer Norm für den Lohn entgegensteht. Düsseldorf 1957. 53 S. II Ea 23490

Ausschuß für Deutsche Einheit. Information. Die Einheit und Unabhängigkeit des DGB steht auf dem Spiel. Berlin 1958.9 S. I Eb 500

Salwa,Z.;W.Szubert,M.Święcicki: (Grundlegende Probleme des Arbeitsrechts, poln.:) Podstawowe problemy prawa pracy. Warschau 1957. 213 S. IV Ea 23530

21.Internationales Privatrecht

Lorenz,W.: Vertragsabschluß und Parteiwille im internationalen Obligationenrecht Englands. Heidelberg 1957. 208 S. II Ea 23535

22.Festschriften

Forschungen zu Staat und Verfassung.Festgabe f.F.Hartung. Berlin 1957. 538 S. II Ea 23158

D. ÜBERSETZUNGEN AUS DER ZEITSCHRIFT "SOVETSKOE GOSUDARSTVO I PRAVO"[1)]

Inhaltsverzeichnis von 1958, Heft 8:

Artikel

Erörterung von Fragen der Straf- und Strafprozeßgesetzgebung

1) Die hier angezeigten Artikel werden laufend übersetzt und sind gemäß der Benutzungsordnung der Bibliothek des Deutschen Instituts für Rechtswissenschaft ausleihfähig.

Mitteilungen und Bemerkungen

Wissenschaftliches Leben

Aus dem Ausland

Die Gesetzgebung im Ausland

Bibliographie

Inhaltsverzeichnis von 1958, Heft 9:

Leserzuschriften

Wissenschaftliches Leben

Rezensionen

Die Rechtswissenschaft im Ausland

Die Gesetzgebung im Ausland

Bibliographie

E. 20.(34.) VERZEICHNIS DER IN DER BIBLIOTHEK DES DEUTSCHEN INSTITUTS FÜR RECHTSWISSENSCHAFT VORHANDENEN UNVERÖFFENTLICHTEN ÜBERSETZUNGEN 1)

1.Gesetzesmaterialien und Dokumente (auch Verfassungen und Kurzkommentare)

Strafgesetzbuch und Strafprozessordnung der Volksrepublik Albanien. Art.27-40. 5 S.
Orig.ersch.: Moskau: Verl.f.fremdsprach.Lit. [um 1955]. ÜR 1214

2.Philosophie

Gladkov, I.: Die Verteidigung des Kapitalismus unter der Maske des "demokratischen Sozialismus." Zaščita kapitalizma pod maskoj "demokratičes kogo socializma" [dt.] 33 S.
Aus: Voprosy ekonomiki. 1958/1. ÜR 1203

Mitin,M.: Die Rolle der marxistisch-leninistischen Ideologie beim Aufbau des Kommunismus. Rol'marksistsko-leniniskoj ideologii v stroitel'stve kommunizma [dt.] 18 S.
Aus: Pravda v.4.7.1958, Nr 185. ÜR 1242

Novik,I.B.: Über die spezifischen Besonderheiten des Bewusstseins des Menschen. O specifičeskich osobennostjach soznanja čeloveka [dt.] 10 S. < Antwort an den Gen.A.I.Nikolajew.>
Aus: Voprosy filosofii. 1956/6. ÜR 1197

3.Rechtswissenschaft (Aufgaben und Methoden)

Jui Mu: Verstärkung des Kampfgeistes der Rechtswissenschaft. 20 S.
Aus: Abhandlungen über Politik und Recht. 1957/6.
[Betr.: China.] ÜChin 1

1) Die hier angezeigte Literatur ist gemäß der Benutzungsordnung der Bibliothek des Deutschen Instituts für Rechtswissenschaft für d ie Mitglieder des Deutschen Instituts für Rechtswissenschaft, Ministerien und zentrale Institutionen der Deutschen Demokratischen Republik und nach der Leihverkehrsordnung der Bibliotheken ausleihfähig.-Verzeichnis 1 - 4 erschien hektographiert, Verzeichnis 5 - 14 ist enthalten im Mitteilungsblatt des Deutschen Instituts für Rechtswissenschaft 1953, Nr 1 - 1955, Nr 3

4.Staats- und Rechtstheorie

Aleksandrov, N.G.: Die Gesetzlichkeit und die Rechtsverhältnisse in der Sowjetgesellschaft. Zakonnost' i pravootnošenija v sovetskom obščestve [dt.] § 2, II, § 1.
Aus: Aleksandrov,N.G.: Zakonnost' ..1955. § 2. Der Begriff des subjektiven Rechtes u.der Rechtspflicht. 35 S. II, § 1. Die Normen des sozialistischen Rechts und sozialistische Rechtsverhältnisse. 31, 4 S. ÜR 1196

Čchikvadse, V.: Die Tätigkeit W.I.Lenins bei der Schaffung des Sowjetrechts und ihre Bedeutung für die neue Kodifizierung der sozialistischen Gesetzgebung. Dejatel'nost' V.I. Lenina po sozdaniju sovetskogo zakonodatel'stva [dt.] 13 S.
Aus: Socialističeskaja zakonnost'.1958/4. ÜR 1210

K'ang Shu Hua: Berichtigung der Abweichung Yang Chao Lung's von der geraden Linie in der Gesetzgebung. 20 S.
Aus: Abhandlungen über Politik und Recht. 1957/6. ÜChin 9

Li Ta: Kritik der Gedanken Hu Shih's über Recht und Politik.
Aus: Abhandlungen über Politik und Recht. 1955/1. ÜChin 5

Sun Ya Ming: Der Kampf der zwei Richtungen in der Gesetzgebungsarbeit. 15 S.
Aus: Abhandlungen über Politik und Recht. 1957/6.
[Betr: China.] ÜChin 11

5.Geschichte der Staats-und Rechtstheorie

Keine Eingänge

6.Staats- und Rechtsgeschichte

Keine Eingänge

7.Völkerrecht und Außenpolitik

Keine Eingänge

8.Staatsrecht

Gliga,J.: Einige Fragen des Aufbaues,der Vervollkommnung und der Vereinfachung des Staatsapparates der Rumänischen Volksrepublik. Unele probleme ale organizarii, perfectionarii si simplificarii aparatului de stat al R.P.R. [dt.] 25 S.
Aus: Justitia noua. 1957/4. ÜRum 93

9.Gerichtsverfassung(einschließlich Staatsanwaltschaft, Justizverwaltung,Notariat und Anwaltschaft)

Jakimenko,A.: Die Gerichtsreform muss zu Ende geführt werden. Dovesti do konca sudebnuju reformu [dt.] 6 S.
Aus: Izvestija v.3.9.1958, Nr 211.
[Betr.: UdSSR.] ÜR 1246

Liu K'un Lin: Über die Erkenntnis, daß der Volksgerichtshof selbständig und fortschrittlich urteilt, jedoch den Gesetzen gehorcht. 17 S.
Aus: Abhandlungen über Politik und Recht. 1955/1.
[Betr.: China.] ÜChin 3

Vušev, V.: Der Justitiar in der sozialistischen Organisation. Juriskonsulat v socialističeskata organizacija [dt.] 17 S.
Aus: Socialističesko pravo. 1958/1.
[Betr.: Bulgarien.] ÜB 197

10. Verwaltungsrecht und Allgemeine Aufsicht des Staatsanwalts

Keine Eingänge

11. Finanzrecht

Keine Eingänge

12. Strafrecht, Strafprozeß

Chi Ssu: Die energische Verurteilung der reaktionären Gesinnung im Kampf gegen schädliche Elemente. 16 S.
Aus: Abhandlungen über Politik und Recht. 1957/6.
[Betr.: China.] ÜChin 7

Daszkiewicz, K.; Paluszyńska: Willensprobleme in den Arbeiten von John Lekschas. Problemy woli w pracach John Lekschasa [dt.] 8 S.
Aus: Prawo i granica. 1958/1-2. ÜP 690

Grodzinskij, M.: Über die Methoden der Herbeischaffung der Beweise im sowjetischen Strafprozeß. O sposobach poločenija dokazatel'stv v sovetskom ugolovnom processe. [dt.] 11 S.
Aus: Sovetskaja justicija. 1958/6. ÜR 1230

Der VII. Kongress der Internationalen Vereinigung des Strafrechts in Athen. VII. kongress meždunarodnoj associacii ugolovnogo prava v Afinach [dt.] 15 S.
Aus: Socialističeskaja zakonnost'. 1958/2. ÜR 1201

Kovalevskaja, L.: Unsere Änderungsvorschläge und Bemerkungen (Betr.: Entw. d. Grundlagen d. Strafverfahrens) Naši popravki i zamečanija [dt.] 5 S.
Aus: Socialističeskaja zakonnost'. 1958/8.
[Betr.: UdSSR.] ÜR 1218

Lengyel, Z.: Die Abgrenzung der auf den Umsturz der Staatsordnung gerichteten Bewegung von der Aufwiegelei. Az államrend megdöntésére irányuló mozgalom elhatárolása az izgatástól [dt.] 19 S.
Aus: Magyar jog. 1957/10.
[Betr.: Ungarn.] ÜUn 232

Malchazov, I.; A. Vinberg; G. Minkovskij; R. Rachunov: Die indirekten Beweise im sowjetischen Strafprozess. Kosvennyje dokazatel'stva v sovetskom ugolovnom processe [dt.] 10 S.
[Kritik u. Bibliographie.]
Aus: Socialističeskaja zakonnost'. 1957/12. ÜR 1205

Sacharov,A.: Die Verantwortlichkeit bei Korruption. Otvetst'vennost' za vzjatočestvo [dt.] 9 S.
Aus: Socialističeskaja zakonnost'. 1958/8.
[Betr.: UdSSR.] ÜR 1222

Sawicki,J.: Der Alkoholrausch und die strafrechtliche Verantwortlichkeit des Unzurechnungsfähigen. Kap.11. Die Verbrechen Betrunkener. Upojenie alkoholowe a odpowiedzialność karna niepoczytalnego. Rozdzial 11: Przestepstwa w stanie nietrzeźwości [dt.] 55 S.
Aus: Sawicki. J.;A.Flatau-Kowalska.: Alkohol w prawie karnym. Warszawa 1958. ÜP 696

Širšikov,A.: Mehr Aufmerksamkeit den zivilrechtlichen Forderungen im Strafprozeß! Bol'še vnimanija graždanskom isku v ugolovnom processe [dt.] 3 S.
Aus: Sovetskaja justicija. 1958/7.
[Betr.: UdSSR.] ÜR 1240

Skorochodov, I.: Die Unzulässigkeit einer "Wendung zum Schlechteren" < reformatio in peius >. Nedostupimost' povorsta k chudšemu." [dt.] 14 S.
Aus: Socialističeskaja zakonnost'. 1958/8.
[Betr.: UdSSR.] ÜR 1220

Šnejder, M.A.: Die Straffestsetzung nach dem sowjetischen Strafrecht. Naznačenie nakazanija po sovetskomu ugolovnomu pravu [dt.] 1-5.
Orig.ersch.: Moskau: Verl.d.Inst.f.Rechtswiss.a.d.Akad.d.Wiss.1956/57.
1. Die Prinzipien d.Straffestsetzung nach d.sowjet.Strafrecht. 35 S.
2. Umstände, die die Gesellschaftsgefährlichkeit der Tat erschweren u.mildern. 40,V S.
3. Die Straffestsetzung bei einer Konkurrenz von Verbrechen. 40 S.
4. Die Straffestsetzung bei andauernden, fortgesetzten u.wiederholten Verbrechen. 18 S.
5. Die Straffestsetzung bei bedingter Verurteilung. 11 S. ÜR 1101

Strogovič,M.: Das Geständnis des Beschuldigten als gerichtlicher Beweis. Soznanie obvinjaemogo kak sudebnoe dokazatel'stvo [dt.] 15 S.
Aus: Sovetskaja justicija. 1957/8.
[Betr.: UdSSR.] ÜR 1206

Tadevosjan, V.: W.I.Lenin über die Kinder und der Kampf gegen die Jugendkriminalität. V.I.Lenin o detjach i bor'ba e prestupnost'ju nesoveršennoletnich [dt.] 12 S.
Aus: Socialističeskaja zakonnost'.1958/4. ÜR 1226

Usenko,I.: Die Anwendungspraxis des Erlasses über die Verantwortung für geringfügige Spekulation. Praktika primenenija ukaza ob otvetstvennosti za melkuju spekulaciju [dt.] 6 S.
Aus: Socialističeskaja zakonnost'. 1958/8. ÜR 1236
[Betr.: UdSSR.]

Utevskij,B.: Fragen der Strafe in der Strafgesetzgebung. Voprosy nakazanija v ugolovnom zakonodatel'stve [dt.] 13 S.
Aus: Socialističeskaja zakonnost'. 1958/7. ÜR 1199
[Betr.: UdSSR.]

Vieska,J.: Zu Fragen der Klassenverhältnisse und des Kampfes gegen die Kriminalität in der Periode der beginnenden Vollendung des sozialistischen Aufbaus der Republik. K otázkám třídních vztahu a boje proti kriminalitě v období nastávajícího dovršení socialistické výstavby republiky [dt.] 31 S.
Aus: Socialistická zákonnost. 1958/2. [Betr.: ČSR.] ÜT 565

Viktorov,B.: Die Brigadenmethode bei Untersuchungen und einige Prozessfragen. Brigadnyj metod rassledovanija i nekotorye processual'nye voprosy [dt.] 8 S.
Aus: Socialističeskaja zakonnost'. 1958/8.
[Betr.: UdSSR.] ÜR 1216

13.Kriminalistik,Gerichtliche Medizin, Gerichtspsychiatrie-,psychologie

Vinberg,A.I.;B.M.Šaver: Lehrbuch der Kriminalistik. Učebnik kriminalistike [dt.] Allgem.Teil. Von A.I.Vinberg [u.] B.M.Šaver. Kap.1-11.
Orig.ersch.: Moskau: Staatl.Verl.f.jurist. Lit. 1950.
[Betr.: UdSSR.]
Allgem.Teil.
Kap.1. Gegenstand, Methode u.System d.sowjet.Kriminalistik. 34 S.
" 2. Entstehung, Entwicklung u.jetziger Stand d.sowjet.kriminalist.Wiss. 37 S.
Kap.3. Spuren. 68 S.
" 4. Besichtigung d.Tatorts. 53 S.
" 5. Kriminalist. Expertise. 44 S.
" 6. Gerichtl. Expertise von Schriftstücken. 54 S.
" 7. Kriminalist.Untersuchung von Schusswaffen, Munition u.Schusswirkungen. 31 S.
" 8. Kriminalist. Registrierung. 40 S.
" 9. Durchsuchung u.Beschlagnahme, Fahndung u.Festnahme. 32 S.
" 10. Vernehmung. 70 S.
" 11. Planung d.Untersuchung. 17 S. ÜR 1228

14.Zivilrecht

Knapp,V.: Einige Fragen der Anwendung und Interpretierung des Zivilrechts in den Beziehungen sozialistischer Organisationen. Některé otázky aplikace a interpretace občanského práva ve vztazích socialistických organisací [dt.] 27 S.
Aus: Právník. 1958/Nr 3.
[Betr.: ČSR.] ÜT 569

Die Diskussion des Entwurfs des Bürgerlichen Gesetzbuches. Szemle: A polgari törvénykönyv tervezetének vitája [dt.] 14 S.
Aus: Magyar jog. Jg 5, 1958/4.
[Betr.: Ungarn.] ÜUn 230

Hegyháti,I.: Bemerkungen zum Erbrecht im Entwurf des Bürgerlichen Gesetzbuches. Megjegyzések a Polgári Törvénykönyv tervezetének öröklési jogához [dt.] 39 S.
Aus: Jogtudomanyi közlöny. Jg 13, 1958/3-4.
[Betr.: Ungarn.] ÜUn 228

Rozmaryn,St.: Rezension [von] Josef Esser."Grundsatz und Norm in der richterlichen Fortbildung des Privatrechts. Rechtsvergl.Beiträge zur Rechtsquellen-u.Interpretationslehre". Tübingen 1956. 18 S.
Aus: Państwo i prawo. 1958/4. ÜP 692

Železnov,M.: Über die Berechnung der Höhe des Schadensersatzes für erlittene Gesundheitsschäden. Ob isčislenii razmera vozmeščenija vreda pričinennogo zdorov'ju [dt.] 3 S.
Aus: Sovetskaja justicija.1958/8.
[Betr.: UdSSR.]

15.Urheber- und Erfinderrecht

Antimonov,B.S.;E.A.Flejšic: Das Urheberrecht. Lehrgang des sowjetischen Zivilrechts. Avtorskoe pravo [dt.] Einl., Kap.II.
Orig.ersch.: Moskau:Staatl.Verl.f.jurist.Lit.1957.
[Betr.: UdSSR.]
Einleitung. 26 S.
Kap.2 Das subjektive Recht. § 1.Allgem.Charakteristik d.subjekt.Urheberrechts. 44 S. ÜR 1207

16.Vertragssystem,Vertragsgerichtliches Verfahren

Gusev,N.: Die Gerichtspraxis in zivilen Transportsachen. Sudebnaja praktika po graždanskich transportnym delam [dt.] 20 S.
Aus: Socialističeskaja zakonnost'. 1958/6.
[Betr.: UdSSR.] ÜR 1224

Moiseev,M.: Eine neue Etappe in der Entwicklung der Wirtschaftsbeziehungen zwischen Industrie und Landwirtschaft. Novyj etap v razvitii ekonomičeskich svjazej promyšlennosti i sel'skogo chozjajstva [dt.] 43 S.
Aus: Voprosy ekonomiki. 1958/7.
[Betr.: UdSSR.] ÜR 1208

Sadovskij,Ja.; Ju.Feofanov: Muß die Arbitrage so sein? Takim li dolžen byt' arbitraž? [dt.] 10 S.
Aus: Izvestija v.21.8.1958, Nr 200. ÜR 1234

17.LPG- Recht,Bodenrecht

Eliáš, J.: Das Altenteil < der Auszug > beim Eintritt des Bauern in die LPG. Výměnek při vstupu hospodáře do JZD [dt.] 9 S.
Aus: Soudce z lidu.1958/4.
[Betr.: ČSR.] ÜT 559

Jakovlev,P.: Die Rechtsordnung der Geldmittel der Kollektivwirtschaften. Pravovoj režim denežnych sredst' kolchozov [dt.] 10 S.
Aus: Sovetskaja justicija. 1958/7.
[Betr.: UdSSR.] ÜR 1244

Šamořil,K.: Einige Bemerkungen zum bisherigen Verlauf der Ausarbeitung eigener Statuten in einigen Landwirtschaftlichen Einheitsgenossenschaften. Některé poznámky k dosavadnímu průběhu vypracování vlastních stanov v některých jednotných zemědělských družstvech [dt.] 28 S.
Aus: Socialistická zákonnost. 1958/4.
[Betr.: ČSR.] ÜT 567

Zezula, J.: Die sozialistische Arbeitsdisziplin in den landwirtschaftlichen Einheitsgenossenschaften vom Standpunkt der Aufsicht des Staatsanwaltes. Socialistická pracovní kázeň v jednotných zemědělských družstev s hlediska dozoru prokuratury [dt.] 23 S.
Aus: Socialistická zákonnost. 1958/2.
[Betr.: ČSR.] ÜT 561

18.Familienrecht

Resich,Z.: Über die Änderung der Zivilprozessordnung. O zmianie przepisów postepowania w sprawach cywilnych [dt.] 19 S.
Aus: Nowe prawo. 1958/5.
[Betr.: Polen.] ÜP 694

19.Zivilprozeß(einschließlich Familienrechtliches Verfahren)

Keine Eingänge

20.Arbeitsrecht(einschließlich Verfahren)

Hron,J.: Zu den Aufgaben auf dem Gebiet des Lohnsystems. K úkolum v oblasti mzdové soustavy [dt.] 31 S.
Aus: Plánovane hospodárství. 1956/9.
[Betr.: ČSR.] ÜT 563

Pašerstnik, A.E.: Das Arbeitsrecht in den Ländern der Volksdemokratie. Trudovoe pravo stran narodnoj demokratii [dt.] Lehrbuch. 155,14 S.
Orig.ersch.: Staatl.Verl.f.jurist.Lit. Moskau 1955. ÜR 1248

21.Internationales Privatrecht

Keine Eingänge

22.Sonstiges

Aus dem Präsidium der Akademie der Wissenschaften der UdSSR. Über die Bildung der Sowjetischen Soziologischen Vereinigung. O sozdanii Sovetskoj Sociologiceskoj Associacii [dt.] 1 S.
Aus: Vestnik akademii nauk.1958/6.
[Betr.: UdSSR.] ÜR 1212

Neues in der Gesetzgebung und den Normativakten der Ministerien und Behörden der UdSSR und der Unionsrepubliken. Novoe v zakonodatel'stve i normativnych aktach ministerstv i vedomostv SSSR i sojuznych respublik [dt.] 11 S.
Aus: Socialisticeskaja zakonnost'. 1958/8. ÜR 1232

ALPHABETISCHES SACHGRUPPENVERZEICHNIS

FSC
www.fsc.org
MIX
Papier | Fördert gute Waldnutzung
FSC® C083411

Kolibri 360 GmbH
Ferdinand-Jühlke-Straße 7
99095 Erfurt, Deutschland
produktsicherheit@kolibri360.de